科普图书出版统计报告 2022

张志敏 陈 玲 黄倩红◎著

科 学 出 版 社
北 京

内 容 简 介

本书采用统筹筛选的方法，以全国图书馆联合编目中心数据库为主要数据来源，对 2017 ～ 2018 年出版的科普图书整体数量、类型等进行统计，力求制定一套相对全面的科普图书年度书目，为反映和把握科普图书年度整体出版情况提供参考。本书主要分为两部分：第一部分是统计分析，包括 2017 ～ 2018 年科普图书的出版概况，包括出版地、出版社、学科分布、作译者分析等；第二部分是附录，主要包括 2017 ～ 2018 年出版的部分科普图书书目、科普图书分类数据表、科普图书 TOP 榜单等。

本书适合科普创作者、科普工作管理者、科普创作研究者以及更广泛意义上的科普工作者阅读和参考。

图书在版编目（CIP）数据

科普图书出版统计报告. 2022 / 张志敏，陈玲，黄倩红著. —北京：科学出版社，2022.12

ISBN 978-7-03-073787-8

I. ①科… Ⅱ. ①张… ②陈… ③黄… Ⅲ. ①科学普及－图书出版－研究报告－中国－2022 Ⅳ. ①G239.21

中国版本图书馆 CIP 数据核字（2022）第221158号

责任编辑：张 莉 / 责任校对：杨 然
责任印制：徐晓晨 / 封面设计：有道文化

科 学 出 版 社 出版
北京东黄城根北街 16 号
邮政编码：100717
http://www.sciencep.com
北京建宏印刷有限公司 印刷
科学出版社发行 各地新华书店经销
*
2022年12月第 一 版 开本：720 × 1000 1/16
2022年12月第一次印刷 印张：10 1/2
字数：130 000

定价：68.00元

（如有印装质量问题，我社负责调换）

科普图书出版统计报告 2022

课题组成员

张志敏　陈　玲　黄倩红　齐　钰　徐淑娴
马俊锋　王　驰　刘　悦　齐　松　彭延晨
杜梓晴　孔乙柔子

数据及技术支持

索　晶　胡　砚　袁乐乐

前　言

Preface

自 2006 年 3 月国务院印发《全民科学素质行动计划纲要（2006—2010—2020 年）》以来，我国的公民科学素质建设和科学普及工作迎来发展的大好时机。科普创作是科学普及的源头活水，近十几年来不断受到高度重视，发展环境持续向好。科普图书作为科普作品的主要载体和表现形式，其出版整体上保持稳步发展态势。特别是近几年来纸质图书出版在经受数字出版的冲击后，逐步恢复正向增长，更为科普图书的出版创造了有利条件。

随着我国科普图书在出版种类、数量、质量、销量等方面的不断发展和提升，对相应的调查统计工作也不断提出新要求。2017 年之前，除中华人民共和国科学技术部（以下简称科技部）每年出版的《中国科普统计》外，并未见有其他部门或机构针对科普图书的出版与发行情况进行有针对性的统计及调查，这不利于准确把握科普图书出版和市场的整体发展情况。自 2017 年开始，中国科普研究所科普创作研究团队开始采用统筹筛选的方法，以全国图书馆联合编目中心数据库为主要数据来源，对年度出版的科普图书整体数量和类型等进行统计，并结合北京开卷信息技术有限公司“全国图书零售市场观测系统”中科普图书的相关销售数据，对当年出版科普图书的销售情况进行分析，以《2015 年出版科普图书统计报告》《科普图书出版与销售统计报告（2018）》两本图书详细地呈现 2015 年和 2016 年科普图书的出版与发行情况①。

2017～2018年，我国科普图书出版总体上仍呈现发展态势，并且在科普图书出版种数、科普图书出版种类占当年图书出版种数的比例这两个关键指标上呈现显著增长。为了对这两年的科普图书出版情况进行准确的统计分析，本书沿用上述两本书采用的统筹筛选法，在全国图书馆联合编目中心数据库中提取出 2017 年出版的科普图书初始数据，经过数据清洗和人工甄选后，共确定 15 004 条；提取出 2018 年出版的科普图书初始数据，经过数据清洗和人工甄选后，共确定 12 939 条。随后，本书以此数据为基础，对 2017 年和 2018 年科普图书出版的总体情况、内容和形式、出版地和出版社、著者和译者等进行了较为详细的统计分析，并进行了临近年度之间的比较分析。

由于本次统计工作与上次统计工作间隔时间略长，有关本书沿用和涉及的科普图书的定义与分类、科普图书数据的来源与提取方法、科普图书数据的提取流程等，这里再做一些交代。

为了保持统计的连续性，本书沿用《2015 年出版科普图书统计报告》中对科普图书的定义与分类②。以自然科学为内容、以普通大众为读者对象、以通俗易懂为表达方式、以科普为目的而出版的图书都可以归入科普图书的范畴。科普图书分为核心科普图书、一般科普图书和泛科普图书。其中，核心科普图书指明确以普通大众为读者对象，以科学技术普及为目的，运

① 由于全国图书馆联合编目中心数据库年度数据的完善需要一定周期，因而统计工作有自然滞后。

② 高宏斌，马俊锋. 2015 年出版科普图书统计报告 [M]. 北京：科学出版社，2018：8-12.

用通俗易懂的叙述方式介绍科学技术知识的书籍，即在内容、目的、对象、形式四个方面均能满足科普图书的要求，判断均可将该书归入科普图书的范畴，且不存在争议的图书，如以婴儿、少儿、青年、中老年人、孕妇等为对象介绍科学知识的通俗读物等。一般科普图书指以科学技术普及为目的且采用浅显易懂的形式介绍科学技术知识，但并非以普通大众而是以特定职业人群为读者对象的图书，如书名中明显含有问答、读本、一本通等科普形式的图书和农业实用技术类图书等。泛科普图书指具有科学的内容，但在形式方面稍显专业，在读者对象上更为狭窄（如以特定行业人群为对象）的图书，或者科学与其他学科知识相结合的通俗类读物，如含有科学加军事、科学加艺术、科学加经济等内容的通俗读物。科普图书数据提取采用统筹筛选法，即针对国家图书馆的图书分类情况和图书数据情况，以及科普图书在内容、形式、主题、分布等方面的复杂性，对不同类别的图书设定不同的提取关键词，在此基础上或提取、或排除、或提取与排除相结合，最终从数据库中提取出相应的科普图书数据。

本书的研究和出版是一项十分浩繁的工作。首先，需要从全国图书馆联合编目中心数据库提取科普图书书目数据。全国图书馆联合编目中心依托国家图书馆及各成员馆收集数据。据国家图书馆工作人员介绍，每年 10 月前后，国家图书馆对前一年度出版新书的收藏比例可达 90% 以上，到 12 月底收藏比例可达 95% 以上；而将年度新出版的图书进行编目，形成年度全国图书书目数据库，大致需要三年时间。2020 ～ 2021 年，2017 ～ 2018 年的全国图书书目数据库基本形成，本书作者团队再从中提取全国科普图书出版书目数据，并在此基础上进行分类整理与数据分析。从前期的数据提取，到中期的人工数据清洗，再到后期的数据统计和报告撰写，前后耗时近两年。

本书主要分为两部分：第一部分是 2017 年和 2018 年科普

图书出版统计分析，总共三章；第二部分是附录，主要包括 2017 年和 2018 年出版的科普图书部分书目及科普图书相关排名情况等。其中，2017 年和 2018 年出版的科普图书书目由于数据条目达万余条，体量庞大，故采用电子出版形式。读者扫描附录中的二维码，即可下载查看 2017 年和 2018 年出版的科普图书书目。

由于本书依托和采用的原始图书数据库信息海量，科普图书的遴选和分类又不可能完全避免主观性，加之笔者能力有限，因此在遴选、统计、撰写过程中难免有不当之处，恳请广大读者批评指正。

作　者

2022 年 8 月

目　录

Contents

第三章 2018 年科普图书出版概况

附　录

第一章

2017～2018年科普图书出版概况

近十余年，我国科普图书出版发展态势总体向好。从科技部2006～2018年发布的《中国科普统计》数据来看，我国科普图书在出版种类、印数方面均呈现以增长为主的发展势头，同时伴有波动变化态势，特别是2015年之后波动更加明显。

2017～2018年我国科普图书出版在一些关键指标上保持增长趋势，但波动明显。从科普图书的出版种数来看，2017年较2016年增长2000余种，形成近十余年的第二个出版高峰，不过，2018年出现明显回落。从科普图书出版种类占当年图书出版种类的比例来看，2017年比2016年翻了一番多，2018年虽有小幅回落，但仍接近2016年的两倍。从科普图书的印数来看，与2016年相比，2017～2018年连续宽幅下降。从单品种科普图书的平均印数来看，2017年和2018年两年基本持平，但均较2016年有大幅回落。与此同时，相较于2016年，2017年和2018年每万人拥有科普图书的数量呈现逐年减少趋势。

一、科普图书的出版种数

（一）科普图书出版种数

2006～2018年，我国科普图书出版种数总体实现稳步增长（图1-1）。其中，2009年起明显迈上新发展台阶，平稳发展至2015年又出现爆发式增长，达到1.66万种，形成近十余年的顶峰；自2016年起，在相对高位呈现波动变化态势。其中，与2016年相比，2017年科普图书出版种数有显著增长，但2018年出现大幅回落，甚至略低于2016年的出版种数。

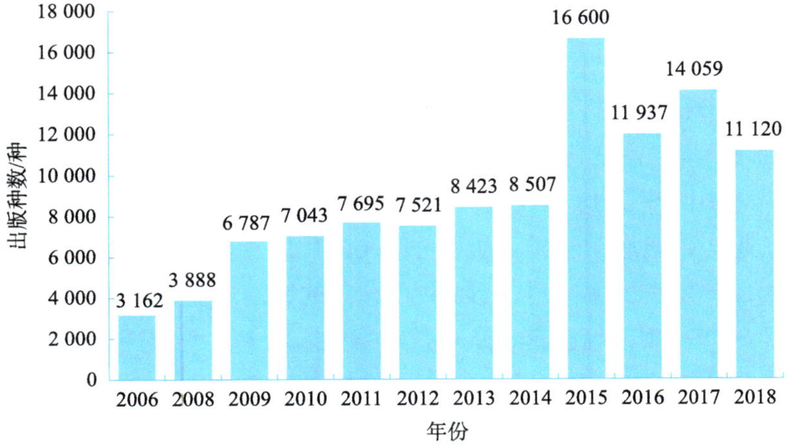

图 1-1　2006 ～ 2018 年科普图书出版种数

注:《中国科普统计》中无 2007 年科普图书出版种数的相关统计数据，故本图中无 2007 年的数据。

（二）科普图书出版种数占当年出版图书种数的比例

从科普图书出版种数占当年出版图书种数的比例来看，2010 ～ 2018 年总体可见上升趋势（图 1-2）。但是在 2014 年之前一直徘徊不前，占比维持在 2% 左右；至 2015 年出现跨越式增长；2016 年出现显著回落后，形成 2017 年、2018 年的出版新高。其中，2017 年科普图书出版种数占当年图书出版种数的 5.51%，为近些年的峰值，2018 年虽下降至 4.5%，仍高居 2006 年以来第二位。

二、科普图书的印数

2006 ～ 2018 年，科普图书的印数总体上在波动态势中稳步发展。其中，2015 年之前波动频繁，2008 年、2011 年、2014 年处于印制数量的低谷；2015 年开始出现跨越式增长，连续三年突破亿册大关。同时可以看到，2017 年科普图书的印数较 2016 年有明显下降，2018 年继续大幅下降（图 1-3）。这种情况的产

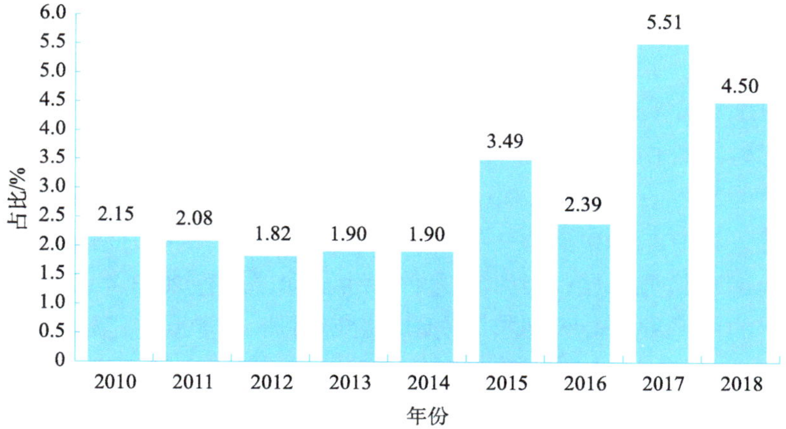

图 1-2 2010～2018年科普图书出版种数占当年图书出版种数的比例

注：本部分数值依据科技部历年《中国科普统计》中科普图书种数与对应年份的《全国新闻出版业基本情况》中当年全国图书出版种数计算而得。科技部在统计2006年、2008年、2009年这三年的科普图书数据时，统计的是当年出版的科普图书种数占当年出版的自然科技类图书种数的比例，2010年后改为统计当年出版的科普图书种数占当年全国出版图书种数的比例，因此未把2006年、2008年、2009年这三年的数据计入统计。

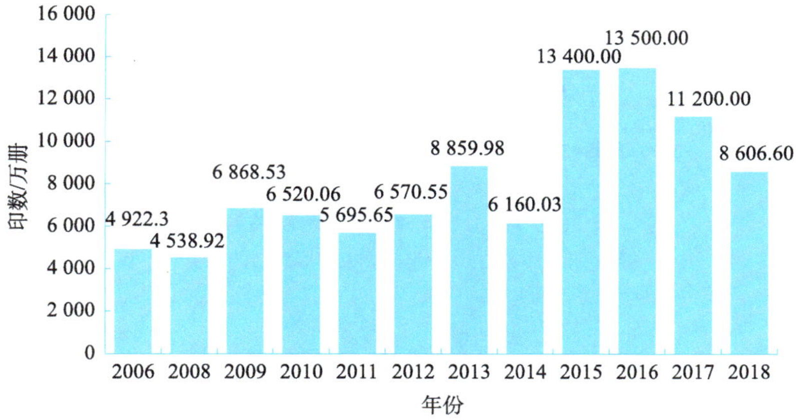

图 1-3 2006～2018年科普图书的印数

注：《中国科普统计》中无2007年科普图书出版种数的相关统计数据，故本图中无2007年的数据。

生与数字阅读的发展有一定关联。《中国科普统计（2019 年版）》中指出："近年来，伴随着互联网进一步发展及智能手机、平板电脑等介质的普及，数字阅读成为公众重要的阅读形式，由此对科普图书出版造成一定冲击。"①

2006 ～ 2018 年，单品种科普图书的平均印数总体呈下降趋势。其中，2010 年是一个分水岭，2010 年之前屡破万册，但逐年递减趋势明显；2010 年之后持续波动，只有 2013 年和 2016 年的单品种科普图书的平均印数突破万册。与 2016 年相比较，2017 年、2018 年的单品种科普图书平均印数有大幅下降，且逐年递减（图 1-4）。

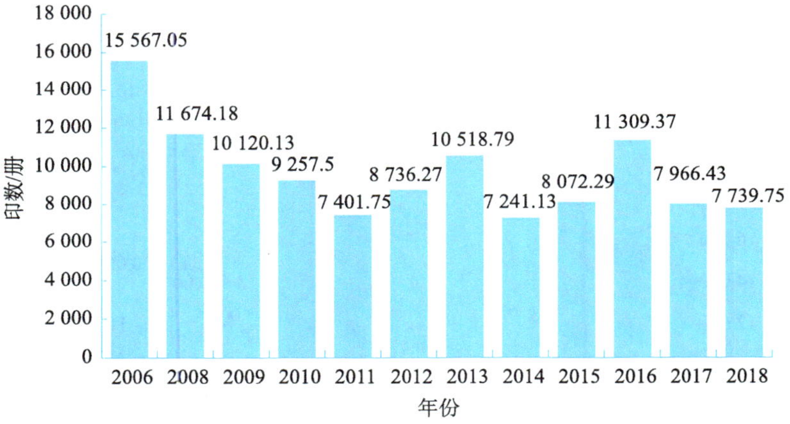

图 1-4　2006 ～ 2018 年单品种科普图书的平均印数

注：《中国科普统计》中无 2007 年科普图书出版种数的相关统计数据，故本图中无 2007 年的数据。

三、每万人拥有科普图书的数量

2006～2018 年，每万人拥有科普图书的数量实现较大增长。其中，2006 ～ 2014 年每万人拥有科普图书的数量以 600 册以下

① 中华人民共和国科学技术部．中国科普统计（2019 年版）[M]. 北京：科学技术文献出版社，2020：77-78.

为常态，2015年、2016年一跃增至近千册，形成峰值。2017年和2018年，每万人拥有科普图书的数量开始出现明显逐年下降趋势，但仍在600册以上（图1-5）。

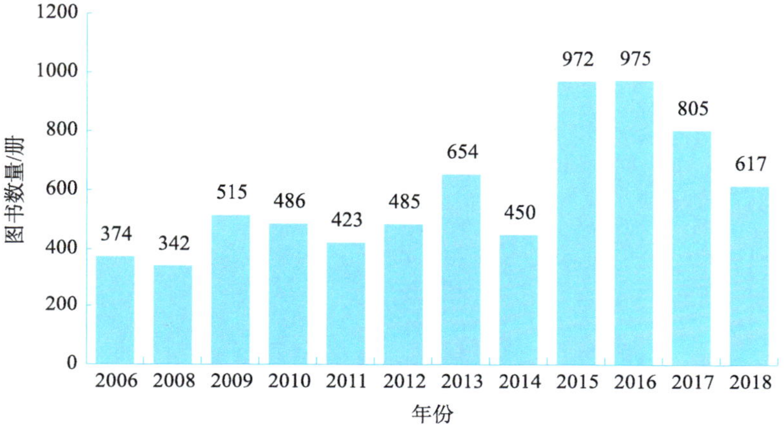

图1-5 2006～2018年每万人拥有科普图书的数量

注：《中国科普统计》中无2007年科普图书出版种数的相关统计数据，故本图中无2007年的数据。

第二章

2017 年科普图书出版概况

“十三五”时期，国家高度重视科学普及工作，科普图书出版处于良性发展时期。2017 年的科普图书出版成绩较 2016 年整体有所提升。据《中国科普统计（2018 年版）》数据，2017 年，全国共出版科普图书 14 059 种，比 2016 年增加 2122 种，占当年全国出版图书种数的 5.51%；2017 年全国科普图书的发行量达到 1.12 亿册，比 2016 年减少 230 万册，占 2017 年全国图书总发行量的 1.21%；2017 年，单品种科普图书的平均出版量为 7958 册，比 2016 年减少 29.57%，平均每万人拥有科普图书 805 册[①]。

本书运用统筹筛选法，从全国图书馆联合编目中心数据库中提取初始科普图书（2017 年出版）数据，经过数据清洗和人工甄选后，最终确定 15 004 条（附表 1-1，详细书目信息可扫描附表 1-1 附带的二维码获得）。这一结果与科技部《中国科普统计（2018 年版）》公布的全国 2017 年出版科普图书的数据（14 059 种）比较接近。

第一节　2017 年科普图书出版统计情况分析

一、2017 年出版的科普图书类型统计情况

2017 年出版的科普图书中，核心科普图书有 8838 种，占所提取科普图书总数的 59%；一般科普图书有 3397 种，占所提取科普图书总数的 23%；泛科普图书有 2769 种，占所提取科普图书总数的 18%（图 2-1）。

① 中华人民共和国科学技术部．中国科普统计（2018 年版）[M]. 北京：科学技术文献出版社，2019：77-78.

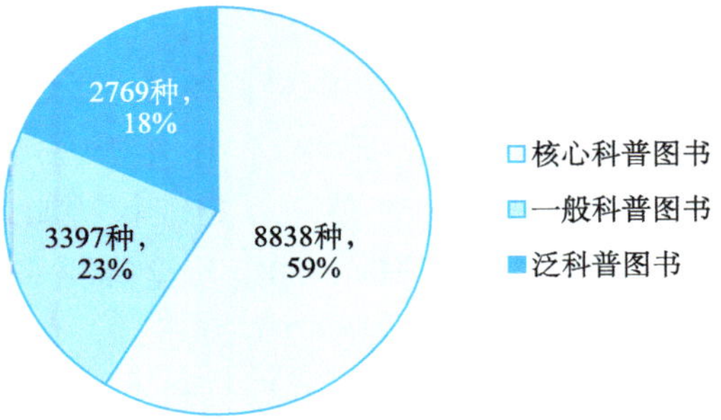

图 2-1　2017 年出版的科普图书类型比例图

二、2017 年出版的科普图书学科分布统计情况

从学科分布来看（图 2-2），T（工业技术）类、R（医药、卫生）类、Q（生物科学）类、S（农业科学）类、I（文学）类等的科普图书的出版种数最多，均在千种以上。与 2016 年的出版情况相同，T（工业技术）类和 R（医药、卫生）类科普图书的出版种数仍然占据前两位，数量分别为 3041 种和 2671 种。相较于 2016 年，I（文学）类科普图书的数量有大幅增长，跻身

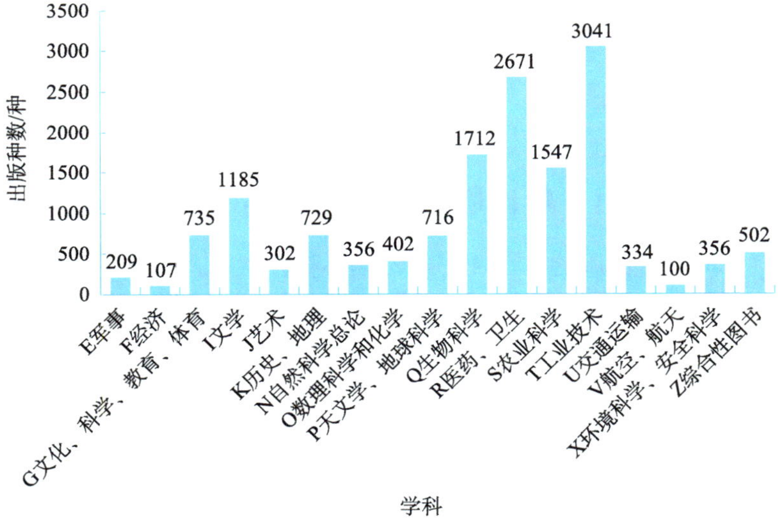

图 2-2　2017 年出版的科普图书学科分布情况

至第五位；S（农业科学）类科普图书的出版种数有明显增长，由第五位前进至第四位；而 G（文化、科学、教育、体育）类科普图书的出版种数大幅减少，不足千册，从第四位跌出 2017 年的前五。总体上来看，T（工业技术）类、R（医药、卫生）类、Q（生物科学）类以及 S（农业科学）类等学科领域仍然是当前科普创作和科学普及的重点内容。

从科普图书类型与学科分布的交叉情况来看（表 2-1）。核心科普图书主要集中在 T（工业技术）类、R（医药、卫生）类、S（农业科学）类、Q（生物科学）类等学科，出版总数达 5839 种，占 2017 年出版核心科普图书总数的 66.07%。一般科普图书则主要集中在 I（文学）类、R（医药、卫生）类、K（历史、地理）类、Q（生物科学）类等学科，出版总数达 1938 种，约占 2017 年出版一般科普图书总数的 57.05%。泛科普图书主要集中在 T（工业技术）类、R（医药、卫生）类及 Q（生物科学）类等学科，出版总数为 1583 种，约占当年泛科普图书总数的 57.17%。

表 2-1　2017 年出版的科普图书类型与学科分布交叉表

（单位：种）

科普图书学科分类	科普图书类型			总计
	核心科普	一般科普	泛科普	
E 军事	157	17	35	209
F 经济	86	3	18	107
G 文化、科学、教育、体育	454	146	135	735
I 文学	403	717	65	1 185
J 艺术	114	140	48	302
K 历史、地理	256	407	66	729
N 自然科学总论	126	187	43	356

续表

科普图书学科分类	科普图书类型			总计
	核心科普	一般科普	泛科普	
O 数理科学和化学	272	24	106	402
P 天文学、地球科学	339	285	92	716
Q 生物科学	917	371	424	1 712
R 医药、卫生	1 652	443	576	2 671
S 农业科学	1 044	162	341	1 547
T 工业技术	2 226	232	583	3 041
U 交通运输	290	12	32	334
V 航空、航天	65	18	17	100
X 环境科学、安全科学	188	101	67	356
Z 综合性图书	249	132	121	502
总计	8 838	3 397	2 769	15 004

三、2017 年出版的引进版科普图书情况分析

在提取的科普图书数据中，引进版科普图书有 2956 种，约占当年科普图书出版总数的 19.70%，与 2016 年出版的引进版科普图书在数量上基本持平。从引进版科普图书的来源地来看（图 2-3），主要包括美国、英国、法国、日本、德国、意大利、俄罗斯等 27 个国家和地区，其中译自美国、英国、法国、日本、德国等几个国家的科普图书最多，合计 2487 种（分别为：美国 867 种、英国 612 种、法国 464 种、日本 407 种、德国 137 种），占 2017 年出版的引进版科普图书总数的 84.13%。

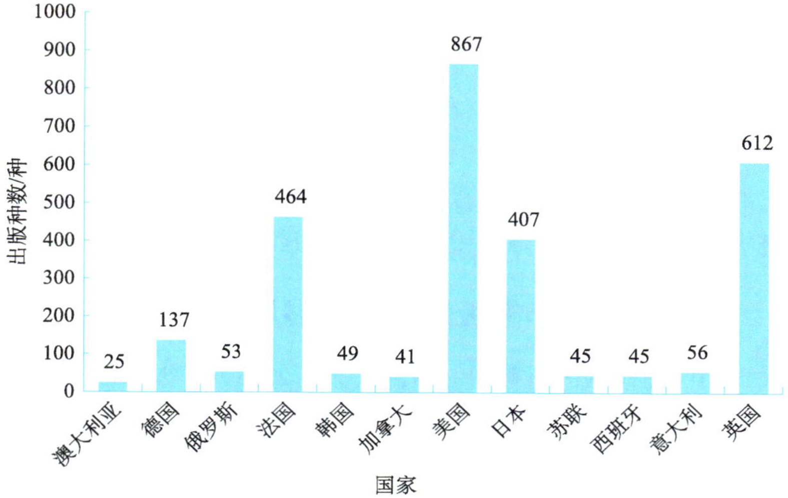

图 2-3　2017 年出版的引进版科普图书的主要来源国分布

从引进版科普图书的学科分布情况来看（图2-4），I（文学）类、Q（生物科学）类、T（工业技术）类、R（医药、卫生）类、P（天文学、地球科学）类等学科的图书数量较多，依次排在前五位。而2016年的这一排序是Q（生物科学）类、I（文学）

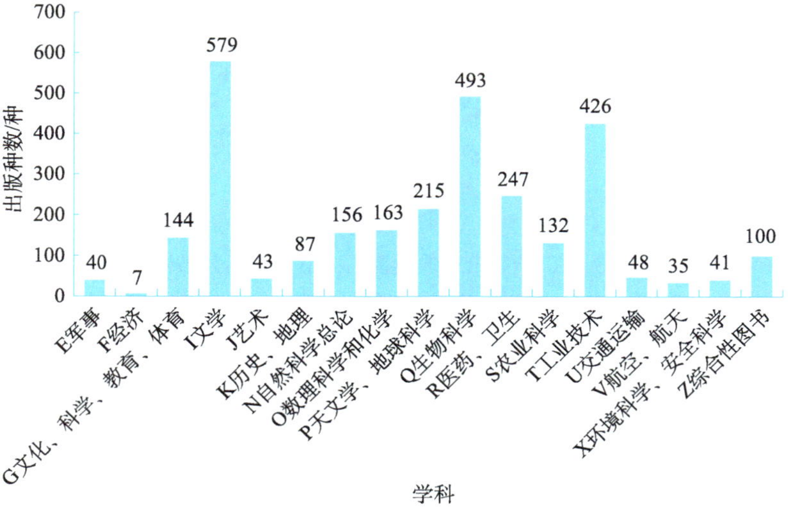

图 2-4　2017 年出版的引进版科普图书的学科分布

类、K（历史、地理）类、T（工业技术）类、G（文化、科学、教育、体育）类。比较可知，I（文学）类引进版科普图书出版数量较 2016 年增加了 187 种，升至首位，这与外国科幻小说在中国译介的发展有关；P（天文学、地球科学）类引进版科普图书的出版数量略有增长，跻身前五；而 K（历史、地理）类引进版科普图书的出版数量锐减，跌出前五。

四、2017 年出版的科普图书丛书情况分析

2017 年出版的科普图书中，丛书有 2735 种。从学科分布来看（图 2-5），丛书主要集中于 R（医药、卫生）类，达 554 种，占科普图书丛书总数的 20.26%；其次是 T（工业技术）类、S（农业科学）类和 I（文学）类。

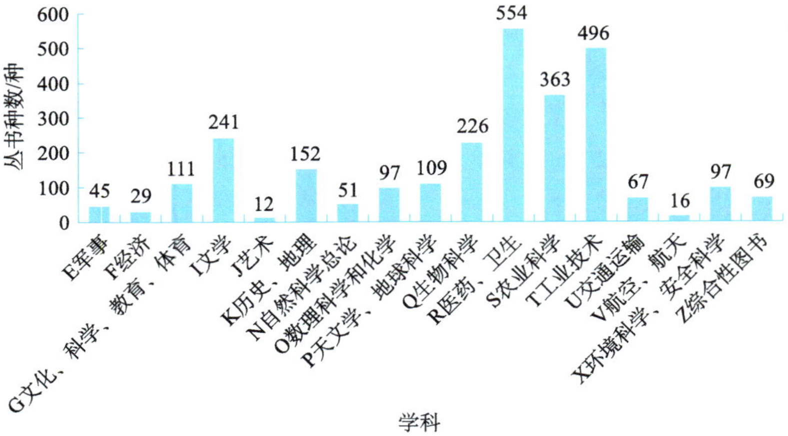

图 2-5　2017 年出版的科普图书丛书学科分布情况

五、2017 年出版的科普图书定价情况分析

从科普图书定价情况来看（图 2-6，由于部分书目定价不详，本项统计的科普图书总数为 14 994 种），其中，定价在 31 ～ 40 元的科普图书数量最多，达 3203 种，占 2017 年科普

图书出版总数的 21.36%；定价在 21 ～ 30 元的科普图书达 2944 种，占 2017 年科普图书出版总数的 19.63%。这与 2016 年科普图书的定价情况基本相同。此外，定价在 11 ～ 20 元的科普图书数量位列第三，达 2134 种，占 2017 年科普图书出版总数的 14.23%。

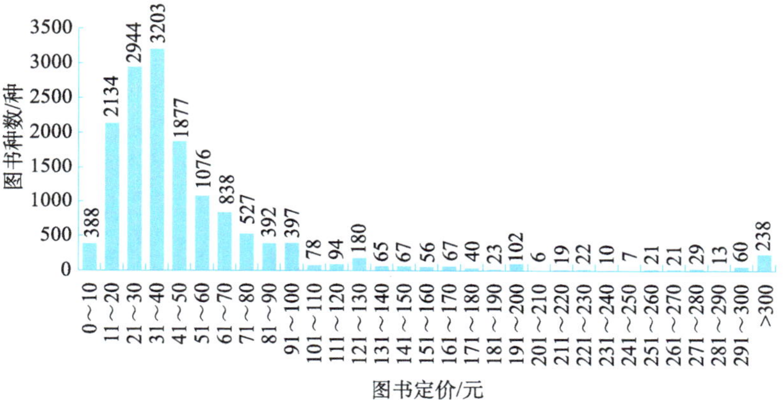

图 2-6　2017 年出版的科普图书定价分布情况

从科普图书学科与价格的交叉情况来看（表 2-2，由于部分书目定价不详，本项统计的科普图书总数为 14 994 种），在 0 ～ 10 元和 11 ～ 20 元的定价区间中，都是 Q（生物科学）类的科普图书最多，数量分别为 114 种和 397 种，合计占 20 元以下科普图书总数的 20.26%；在 21 ～ 30 元和在 31 ～ 40 元的定价区间中，数量最多的科普图书均是 R（医药、卫生）类，数量分别为 606 种和 935 种，合计占 21 ～ 40 元定价区间科普图书总数的 25.07%。各学科科普图书较为集中的定价分布区间是 31 ～ 40 元，共有 3203 种，占 2017 年科普图书总数的 21.36%；其次是 21 ～ 30 元和 11 ～ 20 元两个定价区间，分别为 2944 种和 2134 种，分别占该年科普图书总数的 19.63% 和 14.23%。

表 2-2　2017 年出版科普图书的学科与定价情况交叉表

科普图书学科分类	定价区间 / 元												总计
	0～10	11～20	21～30	31～40	41～50	51～60	61～70	71～80	81～90	91～100	101～200	>200	
E 军事	13	39	35	25	22	21	14	17	6	8	7	2	209
F 经济	3	6	15	14	13	5	9	4	2	4	16	16	107
G 文化、科学、教育、体育	5	32	126	207	116	48	62	18	19	20	24	58	735
I 文学	46	346	290	295	72	31	18	17	7	15	35	13	1 185
J 艺术	7	57	44	42	31	19	18	16	13	29	20	4	300
K 历史、地理	2	95	161	120	65	58	50	40	24	22	46	46	729
N 自然科学总论	2	68	75	51	39	28	26	7	9	8	33	9	355

续表

科普图书学科分类	定价区间 / 元												总计
	0～10	11～20	21～30	31～40	41～50	51～60	61～70	71～80	81～90	91～100	101～200	>200	
O 数理科学和化学	16	47	141	82	43	27	15	5	9	8	7	2	402
P 天文学、地球科学	20	111	139	128	76	37	33	23	19	29	60	39	714
Q 生物科学	114	397	405	208	105	75	52	40	30	41	145	100	1 712
R 医药、卫生	39	254	606	935	377	163	93	37	43	33	61	28	2 669
S 农业科学	35	281	371	320	170	69	51	47	25	31	88	58	1 546
T 工业技术	30	118	287	584	598	403	338	209	153	128	151	42	3 041
U 交通运输	12	44	28	49	66	28	26	25	13	7	26	10	334

续表

科普图书学科分类	定价区间/元												总计
	0～10	11～20	21～30	31～40	41～50	51～60	61～70	71～80	81～90	91～100	101～200	>200	
V 航空、航天	0	29	11	12	17	17	4	3	1	1	4	1	100
X 环境科学、安全科学	20	70	94	57	33	15	16	9	8	10	10	12	354
Z 综合性图书	24	140	116	74	34	32	13	10	11	3	39	6	502
总计	388	2 134	2 944	3 203	1 877	1 076	838	527	392	397	772	446	14 994

六、2017 年出版的科普图书页数情况分析

从科普图书的页数来看（图 2-7，由于部分书目页数不详，本项统计的科普图书总数为 14 410 种），2017 年出版的科普图书中，页数为 101 ～ 200 页的数量最多，有 4733 种，占该年科普图书出版总数的 32.85%；其次为 1 ～ 100 页和 201 ～ 300 页的科普图书，数量分别为 2647 种和 3418 种，分别占该年科普图书出版总数的 18.37% 和 23.72%。这一情况与 2016 年出版的科普图书页数基本相同。

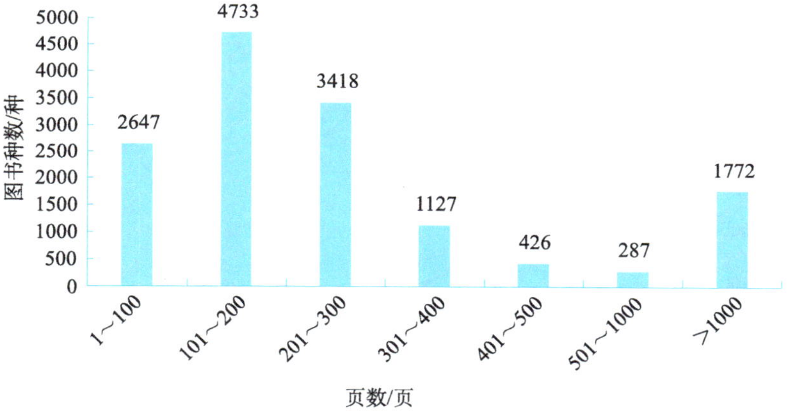

图 2-7　2017 年出版的科普图书页数分布

第二节　2017 年出版的科普图书的出版地与出版社分析

一、出版地

（一）概况

统计结果显示，2017 年全国共有 58 个城市的出版单位出

版了科普图书，其中北京、上海、南京、长春、成都出版的科普图书数量位列前 5 位，合计出版科普图书 9631 种，占 2017 年全国科普图书出版总数的 64.19%。其中，北京出版的科普图书数量最多，达 7559 种，占 2017 年全国科普图书出版总数的 50.38%，以绝对优势高居榜首；上海、南京、长春、成都出版的科普图书分别为 578 种、569 种、466 种、459 种（图 2-8）。在出版地方面，科技部是以省级行政区划为单位进行统计的，前 5 位分别是北京、上海、广东、江西和江苏，本书则是以市为单位进行统计的；在出版数量方面，科技部的统计结果显示，北京、上海在 2017 年出版的科普图书数量分别为 4240 种和 1023 种[①]，与本书的统计结果有一定出入。

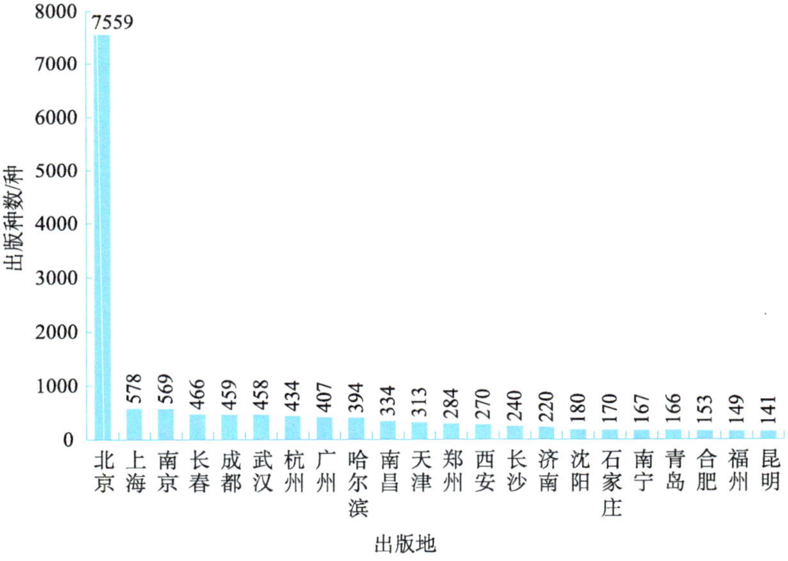

图 2-8　2017 年科普图书出版地分布情况

注：受限于版面，本图只显示 2017 年科普图书出版种数在 100 种以上的城市。

① 中华人民共和国科学技术部．中国科普统计（2018 年版）[M]. 北京：科学技术文献出版社，2019：80.

2017 年，北京、上海、南京、长春、成都 5 个城市共有 293 家出版单位出版了科普图书，其出版单位数量依次为 210 家、39 家、16 家、12 家、16 家。这 5 个城市的科普图书出版单位平均出版科普图书的数量依次为 36 种、15 种、36 种、39 种、29 种。其中，出版科普图书数量排名前五位的出版单位分别为化学工业出版社（633 种）、人民邮电出版社（501 种）、电子工业出版社（396 种）、机械工业出版社（385 种）、清华大学出版社（292 种）。从以上统计数据可以看出，北京市虽然在科普图书出版种数、出版单位数量等方面占有绝对优势，但在出版单位平均出版科普图书的数量上并不是最突出的。

（二）出版地与学科分布

从表 2-3 可以看出，2017 年北京出版的科普图书集中在 T（工业技术）类，上海、南京出版的 R（医药、卫生）类，长春出版的 Q（生物科学）类，成都出版的 I（文学）类。总体来看，这 5 个城市出版的科普图书主要集中在 T（工业技术）类、R（医药、卫生）类、Q（生物科学）类和 I（文学）类。

表 2-3　2017 年出版科普图书数量排名前五位的出版地的科普图书学科分布

（单位：种）

科普图书学科分类	北京	上海	南京	长春	成都	合计
E 军事	106	7	13	23	10	159
F 经济	63	7	2	1	2	75
G 文化、科学、教育、体育	365	41	19	36	14	475
I 文学	354	62	93	46	79	634
J 艺术	174	3	6	1	6	190
K 历史、地理	270	31	21	32	65	419

续表

科普图书学科分类	北京	上海	南京	长春	成都	合计
N 自然科学总论	165	19	12	6	16	218
O 数理科学和化学	168	30	4	18	9	229
P 天文学、地球科学	315	22	16	16	51	420
Q 生物科学	587	78	82	79	68	894
R 医药、卫生	1269	160	112	61	34	1636
S 农业科学	838	20	42	30	24	954
T 工业技术	2222	53	94	63	29	2461
U 交通运输	237	9	8	13	10	277
V 航空、航天	48	6	1	5	3	63
X 环境科学、安全科学	178	11	17	9	7	222
Z 综合性图书	200	19	27	27	32	305
合计	7559	578	569	466	459	9631

（三）出版地与科普图书类型

就科普图书类型而言，北京、上海、南京、长春、成都等地出版的核心科普图书较多（图 2-9），共有 5116 种，占这 5 个城市科普图书出版总数的 53.12%，占 2017 年全国核心科普图书出版总数的 57.89%。这 5 个城市出版的一般科普图书和泛科普图书分别为 2846 种和 1669 种，分别占这 5 个城市科普图书出版总数的 29.55% 和 17.33%，分别占 2017 年全国一般科普图书和泛科普图书出版总数的 83.78% 和 60.27%。

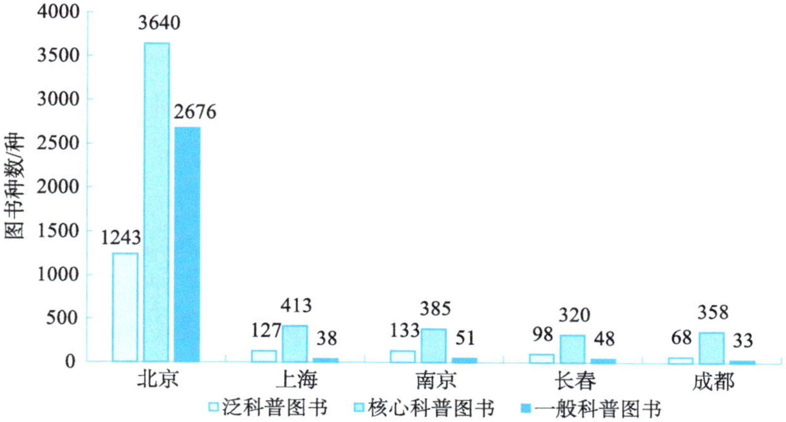

图 2-9　2017 年出版科普图书数量排名前五位的出版地的图书类型分布

（四）出版地与引进版科普图书

从引进版科普图书的出版情况（图 2-10）来看，北京市出版的引进版科普图书最多，达 1509 种，约占 2017 年出版引进版科普图书总数的 52.05%，上海、武汉、南京、天津等地出版的引进版科普图书也较多，这 5 个城市出版引进版科普图书的数量合计为 2051 种，约占当年引进版科普图书出版总数的 69.38%。

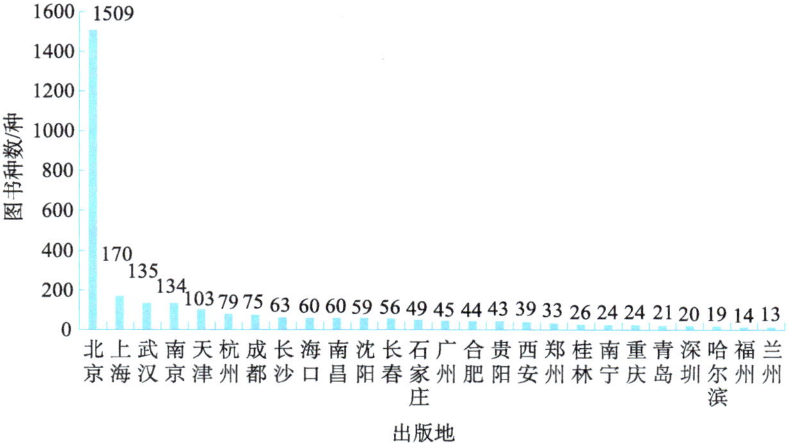

图 2-10　各出版地 2017 年出版引进版科普图书情况

注：受限于版面，本图未显示引进版科普图书出版数量较少的地区。

从引进版科普图书的来源国别（表 2-4）来看，各地出版引进版科普图书的来源国别有所不同，如北京、上海、杭州、南京译自美国的科普图书较多，分别为 466 种、95 种、42 种、40 种；北京、天津、西安译自英国的科普图书较多，分别为 328 种、33 种、27 种；北京、南京、上海、长春译自法国的科普图书较多，分别为 201 种、39 种、30 种、30 种；北京、武汉、海口译自日本的科普图书较多，分别为 215 种、37 种、29 种。值得一提的是，北京由于出版引进版科普图书最多，因此译自各国的科普图书数量也都很多，译自美国、英国、日本、法国等国的图书均在 200 种以上。

表 2-4　2017 年各出版地出版的引进版科普图书的来源国别情况

（单位：种）

出版地	译著来源国别						合计
	德国	法国	美国	日本	英国	其他	
北京	66	201	466	215	328	233	1509
沈阳	0	19	7	6	11	16	59
成都	2	9	33	3	9	19	75
福州	0	7	0	3	3	1	14
广州	0	7	3	10	16	9	45
贵阳	26	0	5	4	1	7	43
桂林	2	2	10	1	3	8	26
哈尔滨	1	5	5	1	3	4	19
海口	0	15	8	29	5	3	60
杭州	4	8	42	8	14	3	79
合肥	0	7	13	9	15	0	44
济南	0	3	3	2	3	1	12
兰州	0	6	0	0	7	0	13

续表

出版地	译著来源国别						合计
	德国	法国	美国	日本	英国	其他	
南昌	0	10	8	12	10	20	60
南京	7	39	40	21	7	20	134
南宁	0	2	4	0	15	3	24
青岛	1	1	2	15	0	2	21
上海	3	30	95	9	21	12	170
深圳	0	0	0	0	0	20	20
石家庄	1	3	22	2	9	12	49
天津	1	22	26	0	33	21	103
武汉	22	8	19	37	26	23	135
西安	0	10	1	1	27	0	39
长春	0	30	12	2	10	2	56
长沙	0	5	18	6	21	13	63
郑州	0	3	3	9	7	11	33
重庆	0	0	15	1	5	3	24
合计	136	452	860	406	609	466	2929

注：受限于版面，本表未显示出版引进版科普图书较少的地区与来源国别。

二、出版社

（一）概况

本书统计结果显示，2017年全国出版科普图书的出版社共有550家，占全国出版社总数的94.02%（截至2017年年底，全国共有出版社585家[①]），其中化学工业出版社出版科普图书最

① 国家新闻出版署. 2017年新闻出版业基本情况 [EB/OL]. http://www.gov.cn/guoqing/2018-08/10/content_5312927.htm [2018-08-10].

多，有 633 种，排名前十位的出版社还有人民邮电出版社、电子工业出版社、机械工业出版社、清华大学出版社、中国农业出版社、科学出版社、中国电力出版社、江苏凤凰科学技术出版社、北京联合出版公司，这十家出版社合计出版科普图书 3409 种，占同年全国科普图书出版总数的 22.72%（图 2-11）。

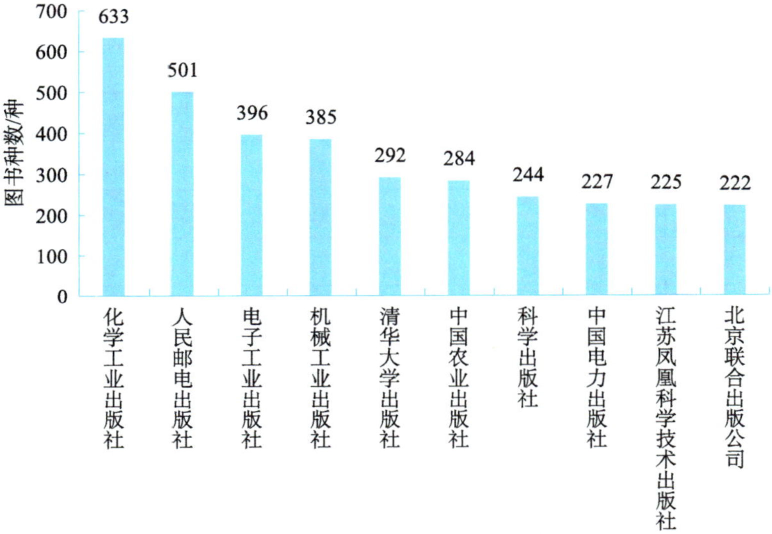

图 2-11　2017 年出版科普图书数量 TOP10 出版社

统计发现，社名中含有“科学技术”的出版社是出版科普图书的重要力量。本书共统计出该类出版社达 33 家，从出版的科普图书数量来看，该类出版社共出版科普图书 2414 种，占同年全国科普图书出版总数的 16.09%，其中江苏凤凰科学技术出版社出版的科普图书最多，有 225 种；其次为中国科学技术出版社、河南科学技术出版社、湖北科学技术出版社、吉林科学技术出版社、天津科学技术出版社、湖南科学技术出版社、黑龙江科学技术出版社、北京科学技术出版社、中国农业科学技术出版社，以上出版社在 2017 年出版的科普图书均在 100 种以上（图 2-12）。

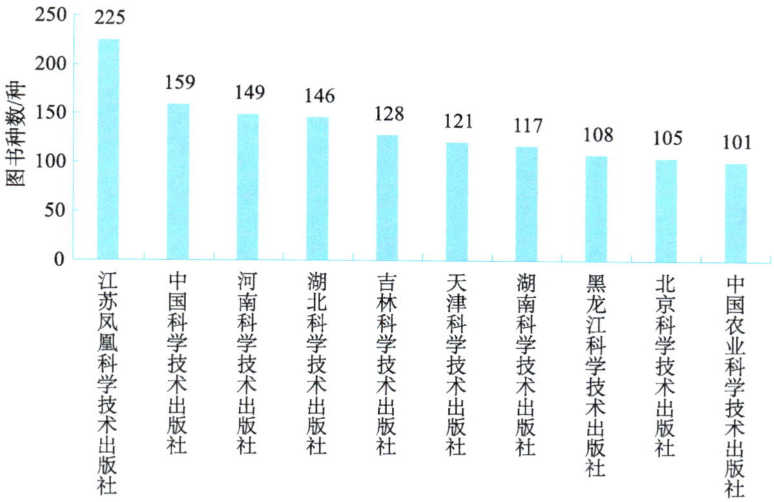

图 2-12 社名中含有“科学技术”的出版社 2017 年的科普图书出版情况

注：本图只显示此类出版社中出版科普图书在 100 种以上的出版社。

（二）出版社与出版科普图书学科

从 2017 年科普图书出版数量排名前十位的出版社的出版情况（图 2-13）来看，出版的科普图书多集中在 T（工业技术）类和 S（农业科学）类。出版 T（工业技术）类科普图书最多的是人民邮电出版社，共出版 265 种；其次是化学工业出版社和机械工业出版社，分别为 249 种和 230 种。出版 S（农业科学）类科普图书最多的是中国农业出版社，共出版 240 种；其次是化学工业出版社，为 127 种。从出版数量集中程度来看，T（工业技术）类科普图书呈现两极分化的趋势，化学工业出版社、人民邮电出版社、电子工业出版社、机械工业出版社、清华大学出版社和中国电力出版社的出版数量均在 200 种以上，而中国农业出版社、科学出版社、江苏凤凰科学技术出版社和北京联合出版公司的出版数量均不足 50 种；S（农业科学）类科普图书的出版呈现双峰并立的局面，中国农业出版社和化学工业出版社出版的 S（农业科学）类科普图书分别为 240 种和 127 种，远高于其他出版社。

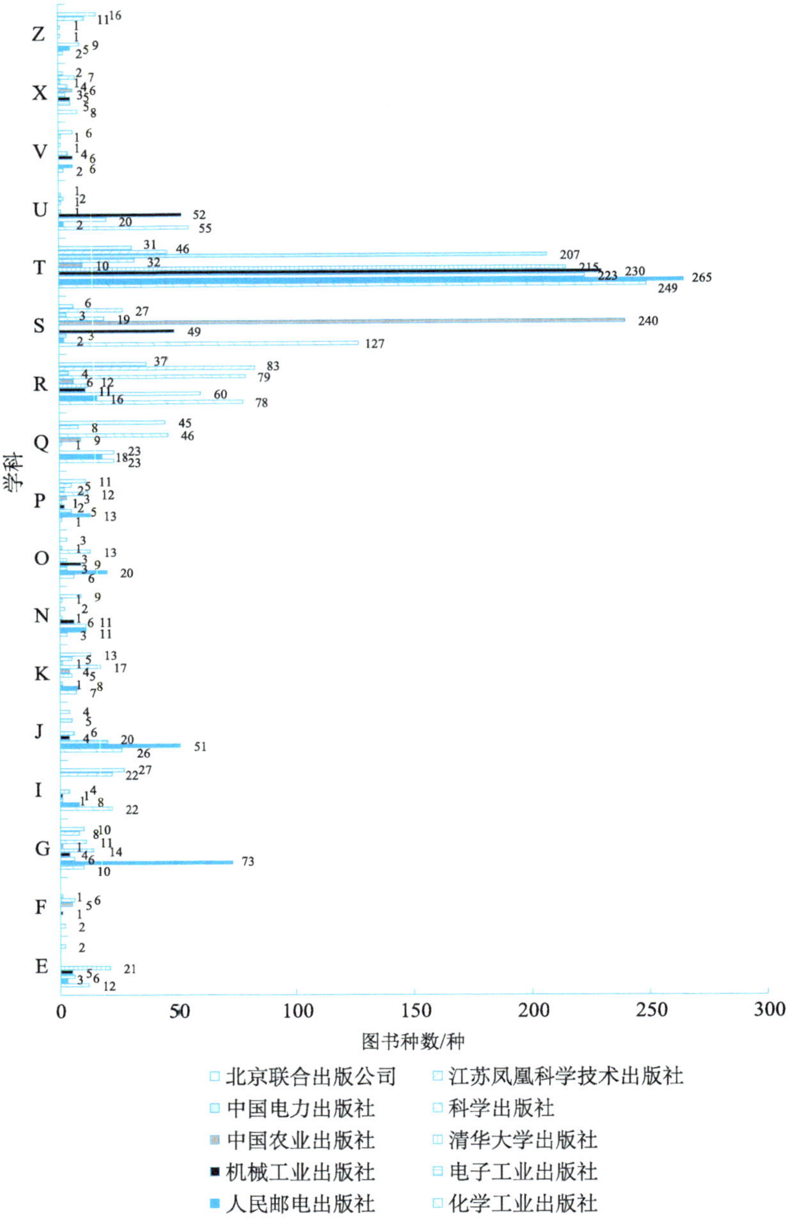

图 2-13　2017 年出版科普图书 TOP10 出版社的学科分布情况

（三）出版社与出版科普图书类型

从科普图书类型（图 2-14）来看，排名前十位的出版社出版一般科普图书数量最多，有 1875 种，约占这 10 个出版社出版科普图书总量的 55.02%；其次为核心科普图书和泛科普图书，分别为 1212 种和 322 种。从各出版社的出版情况来看，化学工业出版社出版核心科普图书、一般科普图书和泛科普图书的数量均最多，分别为 191 种、371 种和 71 种。

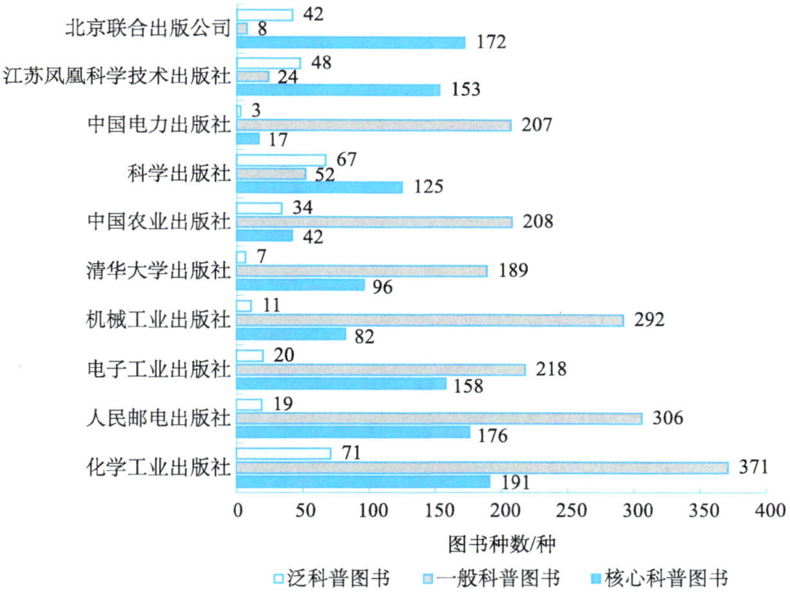

图 2-14　2017 年出版科普图书 TOP10 出版社的图书类型分布

（四）出版社与引进版科普图书情况

本书统计结果显示，2017 年出版引进版科普图书的出版社共有 278 家，出版引进版科普图书总数为 2956 种。其中，人民邮电出版社出版的引进版科普图书最多，共 238 种；其次为北京联合出版公司和长江少年儿童出版社，分别为 111 种和 93 种（图 2-15）。出版科普图书数量最多的化学工业出版社出版的引进版科普图书并不多，仅有 40 种，排名第 12 位；人民邮电出版社和电子工业出版社不仅出版科普图书的整体数量较多，出版引进版科普图书的数量也较多。前文已述，引进版科普图书的来源国别多集中在美国、英国、法国、日本、德国等，而具体到各出版社，则分别有所侧重。从图 2-16 可以看出，人民邮电出版社出版译自美国、英国和日本的科普图书最多，分别为 117 种、39 种和 38 种；贵州人民出版社译自德国的科普图书最多，有 26 种；天津人民出版社译自法国的科普图书最多，有 18 种。

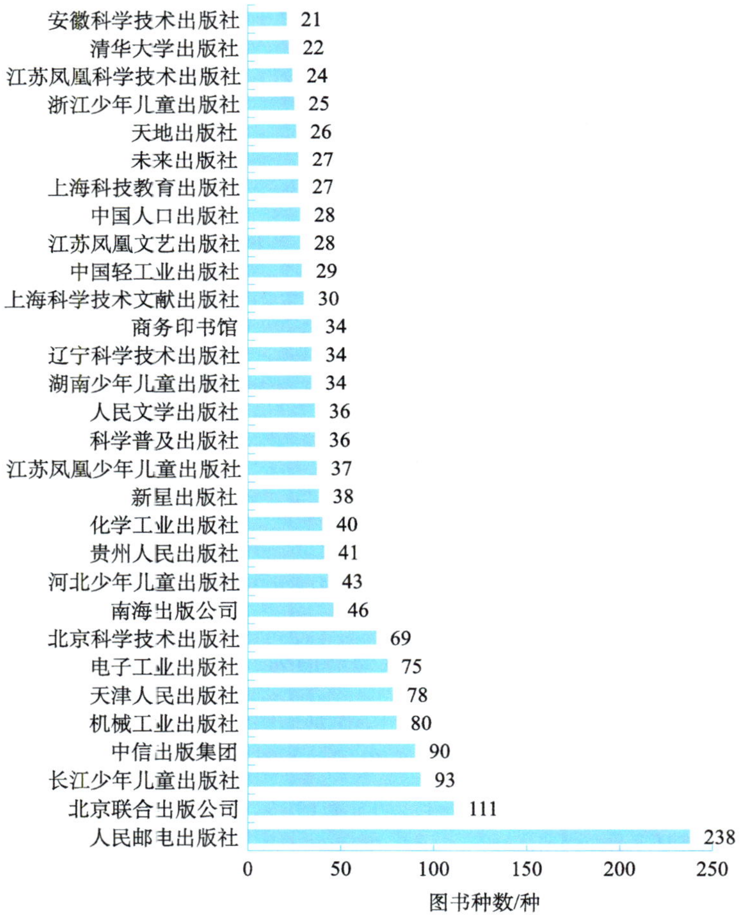

图 2-15　2017 年出版引进版科普图书 TOP30 出版社

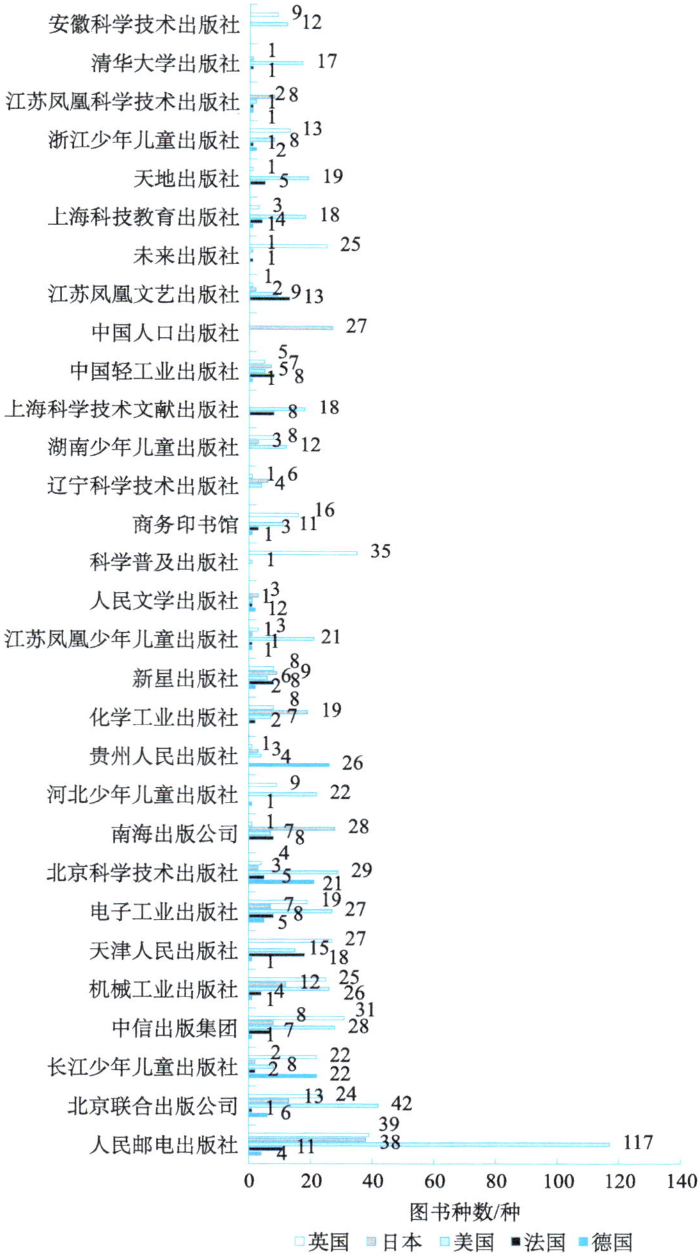

图 2-16 2017年出版引进版科普图书 TOP30 出版社的科普图书来源国别情况

第三节　2017 年出版科普图书的作者与译者分析

一、作者

（一）概况

表 2-5 是 2017 年出版科普图书的 TOP50 作者，这些作者共出版科普图书 2023 种，占该年科普图书出版总数的 13.48%。其中，出版科普图书最多的作者是儒勒·凡尔纳，共有 250 种，儒勒·凡尔纳是世界著名科幻小说家，他的作品影响了几代人，即使在他去世一百多年后的今天，其作品依然深受读者欢迎，这种情况短期内不会有大的变化；其次是崔钟雷和知识达人，出版的科普图书数量分别为 128 种和 114 种。

表 2-5　2017 年出版科普图书作者 TOP50　（单位：种）

排序	作者	科普图书种数	排序	作者	科普图书种数
1	儒勒·凡尔纳	250	7	龙马高新教育	59
2	崔钟雷	128	8	胡维勤	50
3	知识达人	114	9	孙静	47
4	亨利·法布尔	109	10	纸上魔方	45
5	台湾牛顿出版公司	92	11	吴祥敏	44
6	龚勋	71	12	“中国地理百科”丛书编委会	40

续表

排序	作者	科普图书种数	排序	作者	科普图书种数
13	英童书坊编纂中心	40	32	雅科夫·伊西达洛维奇·别莱利曼	22
14	甘智荣	37	33	秋石	22
15	阅是	37	34	叶永烈	22
16	韩雪涛	36	35	于雅婷	22
17	夏吉安	36	36	冰河文化	21
18	庄建宇	36	37	笑江南	21
19	维·比安基	34	38	央美阳光	21
20	明日科技	33	39	小林清之介	20
21	童心	32	40	沈石溪	20
22	陶红亮	31	41	苏梅	20
23	刘敬余	29	42	小多（北京）文化传媒有限公司	20
24	米家文化	29	43	张顺燕	20
25	王倩	27	44	高桥清图	19
26	臧俊岐	27	45	李宁	19
27	安克·M.莱茨根	26	46	廉东星	19
28	格西尼·格罗特里安	26	47	膳书堂文化	19
29	安东尼	26	48	谢宇	19
30	童趣出版有限公司	26	49	杨红樱	19
31	刘兴诗	23	50	才林	18

（二）作者与出版社

就作者作品在出版社的出版情况而言，仍可大致分为分散出版和集中出版两种情况。以作者 TOP10 为例，从图 2-17 中可以看出，儒勒·凡尔纳、亨利·法布尔、龚勋等的作品在许多出版社都有出版，相对较为分散；而崔钟雷、知识达人、台湾牛顿出版公司、胡维勤和孙静的作品则相对比较集中，崔钟雷的作品主要在黑龙江美术出版社出版（有 118 种），知识达人的作品主要在成都地图出版社出版（有 114 种），台湾牛顿出版公

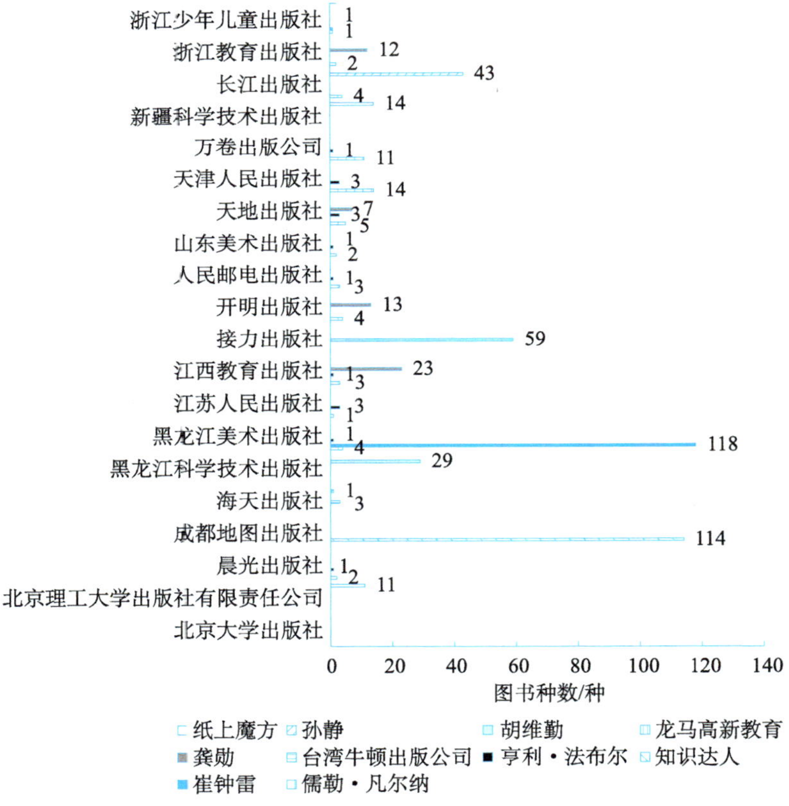

图 2-17　2017 年出版科普图书作者 TOP10 与出版社交叉图

注：受限于版面，本图只展示相关排名前二十位的出版社。

司的作品集中在接力出版社出版（有 59 种），胡维勤的作品集中在黑龙江科学技术出版社出版（有 29 种），孙静的作品集中在长江出版社出版（有 43 种）。在排名前 50 名的作者中，崔钟雷、纸上魔方、吴祥敏、夏吉安、庄建宇、王倩、刘兴诗、李宁的作品都曾入选科技部的全国优秀科普作品名录。

（三）作者与主题词

主题词是指一本图书的关键词，是对该图书内容及其所属类别的简介概括，在中国图书馆分类法中往往标注为“论题名称主题 - 款目要素”。在 2017 年出版的科普图书中，共统计出 3019 个主题词，其中“科学知识”出现的频率最高，共有 626 次；其次是“图画故事”“幻想小说”，出现频率分别为 458 次和 444 次。出现频率最多的前 50 个主题词及其出现频次如表 2-6 所示。

表 2-6　2017 年出版科普图书主题词 TOP50 及其出现频次

（单位：次）

序号	主题词	出现频次	序号	主题词	出现频次
1	科学知识	626	10	汽车	172
2	图画故事	458	11	汉语拼音	167
3	幻想小说	444	12	漫画	128
4	长篇小说	362	13	自然科学	128
5	动物	353	14	昆虫学	120
6	恐龙	337	15	宇宙	114
7	数学	184	16	地理	107
8	植物	184	17	儿童故事	105
9	婴幼儿	175	18	图像处理软件	104

续表

序号	主题词	出现频次	序号	主题词	出现频次
19	养生（中医）	103	35	大学生	66
20	女性	92	36	昆虫	66
21	科学实验	91	37	环境保护	64
22	鸟类	91	38	老年人	63
23	办公自动化	87	39	科学技术	61
24	妊娠期	85	40	二十四节气	59
25	人体	84	41	历史地理	59
26	小儿疾病	84	42	数字照相机	59
27	森林	80	43	中草药	58
28	安全教育	76	44	食谱	57
29	保健	75	45	表处理软件	55
30	糖尿病	75	46	图形软件	54
31	海洋	74	47	移动电话机	53
32	地球	72	48	房屋建筑设备	52
33	菜谱	70	49	软件工具	52
34	散文集	69	50	蔬菜	51

以 TOP10 作者为例，将其与主题词交叉对比可以看出同一作者出版的科普图书在内容方面的分布情况。图 2-18 是 2017 年 TOP10 作者出版科普图书的主题词分布情况，可以看出，有些作者出版的科普图书主题词相对集中，如亨利·法布尔的作品集中在“昆虫学”，龙马高新教育的作品集中在“办公自动化”。

还有一些作者的作品主题词相对分散，如儒勒·凡尔纳作品的主题词除“幻想小说”外，还有“长篇小说”“汉语拼音”等；孙静作品的主题词除“恐龙”外，还有“动物”“森林”等。从图 2-18 还可以看出，TOP10 作者的作品主题词出现频率最高的是“幻想小说”，共 249 次，其次为“长篇小说”“昆虫学”“恐龙”“动物”“汉语拼音”“科学知识”等，这与 TOP50 主题词的出现频率排名情况稍有不同。

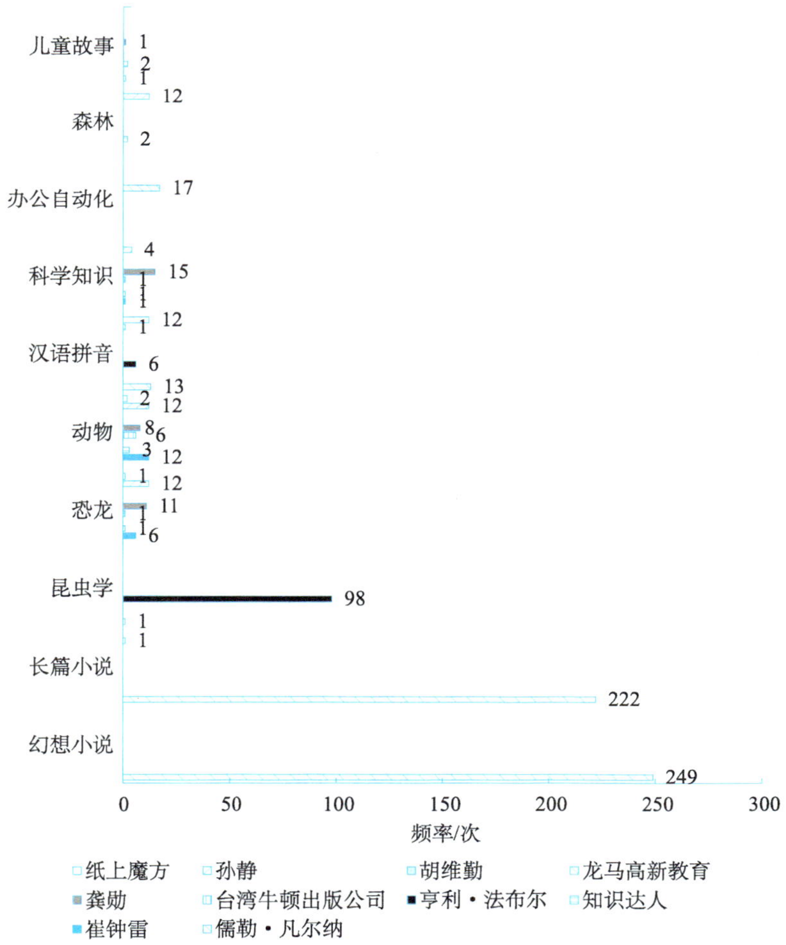

图 2-18　2017 年 TOP10 作者出版科普图书的主题词分布情况

二、译者

（一）概况

本书统计结果显示，2017 年共出版引进版科普图书 2956 种，译者有 2284 位，平均每位译者翻译 1.29 种国外科普图书。译者中出版 2 种及以上译著的有 499 位，出版 1 种译著的有 1785 位。表 2-7 是 2017 年出版引进版科普图书中的 TOP50 译者。这些译者共翻译科普图书 555 种，占该年引进版科普图书总量的 18.8%。从表中可以看出，翻译科普图书最多的译者是陈筱卿，共翻译引进版科普图书 65 种；其次是彭懿和王倩，分别为 31 种和 27 种。需要注意的是，在陈筱卿翻译的科普图书中，原书作者主要为儒勒・凡尔纳、亨利・法布尔和玛丽・居里等，其中翻译儒勒・凡尔纳的作品 40 种、翻译亨利・法布尔的作品 16 种、翻译玛丽・居里的作品 4 种。

表 2-7　2017 年出版引进版科普图书的 TOP50 译者

（单位：种）

序号	译者	科普图书种数	序号	译者	科普图书种数
1	陈筱卿	65	10	戎麾	12
2	彭懿	31	11	韦苇	11
3	王倩	27	12	徐枫	11
4	焦荣	16	13	杨慧	11
5	王维幸	16	14	海豚传媒	10
6	太阳花书业	15	15	何嘉珞	10
7	王珏	14	16	芮一峰	10
8	余杰	13	17	杨书旗	10
9	任铁虹	12	18	余继山	10

续表

序号	译者	科普图书种数	序号	译者	科普图书种数
19	Barr	10	35	赵倩	8
20	安东尼	9	36	赵宇欣	8
21	黄丹彤	9	37	北京学乐行知教育科学研究院	7
22	李冬妮	9	38	蔡红昌	7
23	李一慢	9	39	曹文浩	7
24	童趣出版有限公司	9	40	华育方舟	7
25	张浩	9	41	任美丽	7
26	BSG	9	42	王宇佳	7
27	陈伯雨	8	43	肖玥	7
28	贾昊翔	8	44	徐昕	7
29	浪花朵朵童书	8	45	徐瑛	7
30	刘育红	8	46	闫溢知	7
31	邱博	8	47	阳曦	7
32	畲田	8	48	郁苗	7
33	邢立达	8	49	章科佳	7
34	杨雪	8	50	朱良	7

（二）译者与引进版科普图书来源

前文已述，2017 年出版的引进版科普图书主要来源于 27 个国家和地区，其中译自美国、英国、法国、日本、德国等国的作品最多（本书主要研究译者作品与此 5 个国家的关系），共有

2487 种（其中译自美国的科普图书 867 种、英国 612 种、法国 464 种、日本 407 种、德国 137 种），占 2017 年引进版科普图书出版总数的 84.13%。排名前 50 位的译者所翻译的科普作品也多来自这些国家。

以 TOP15 译者为例，从图 2-19 可以看出，陈筱卿、彭懿、余杰和王倩的翻译作品主要来源于两个国家，其余的 11 位译者均集中对某一个国家的作品进行翻译。这些译者中，翻译英国作品的译者最多，有 4 位。另外，杨慧、徐枫、韦苇、太阳花书业和戎麾分别主要对西班牙、俄罗斯、苏联、新加坡和韩国的作品进行翻译。

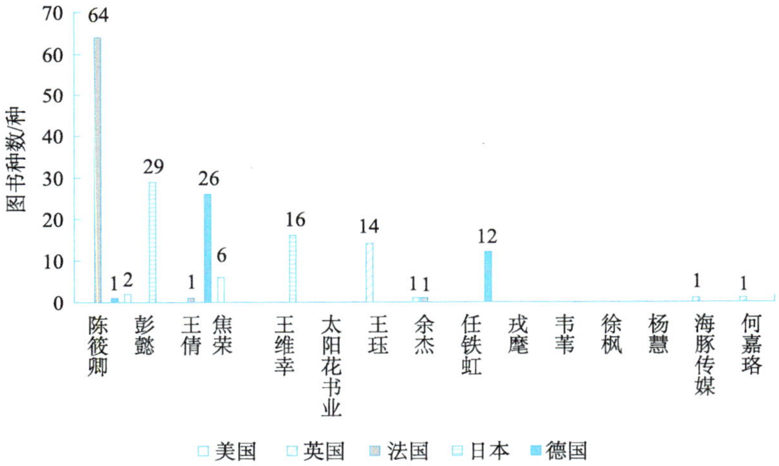

图 2-19　2017 年 TOP15 译者与 TOP5 引进版科普图书来源国交叉图

注：太阳花书业、戎麾、韦苇、徐枫、杨慧 5 位译者的译著来源不在 TOP5 引进版科普图书来源国，故在本图中无相应数值。

（三）译者与出版社

以 TOP15 译者为例，这些译者共涉及 46 家出版社，占出版引进版科普图书出版社总数的 8.4%。从图 2-20 可以看出，译者陈筱卿、彭懿、王倩、王维幸、韦苇和杨慧翻译的作品在多个出版社均有出版，而其余 9 位译者的作品都集中在某一个出

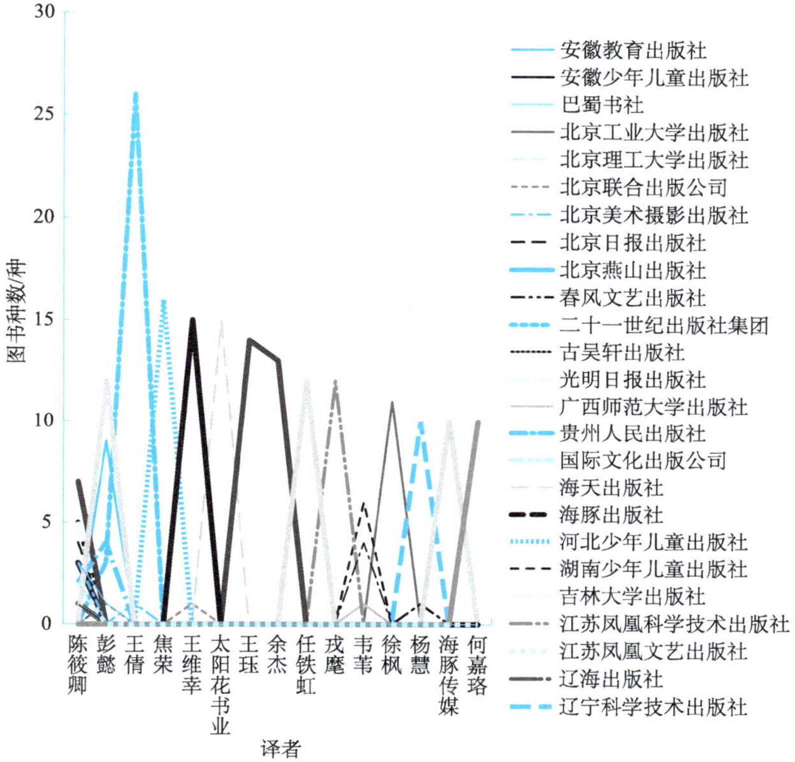

图 2-20　2017 年科普图书 TOP15 译者与出版社交叉图

版社出版。

（四）译者与主题词

仍以 TOP15 译者为例，这些译者共涉及 97 个主题词，其中出现频率较高的主题词是“图画故事”“幻想小说”“长篇小说”“科学实验”等。将 TOP15 译者与排名前十位的主题词对比可以发现，有 5 位译者仅涉及一个主题词，有 8 位译者涉及 2 ～ 7 个主题词，还有 2 位译者不涉及排名前十位的主题词（图 2-21）。

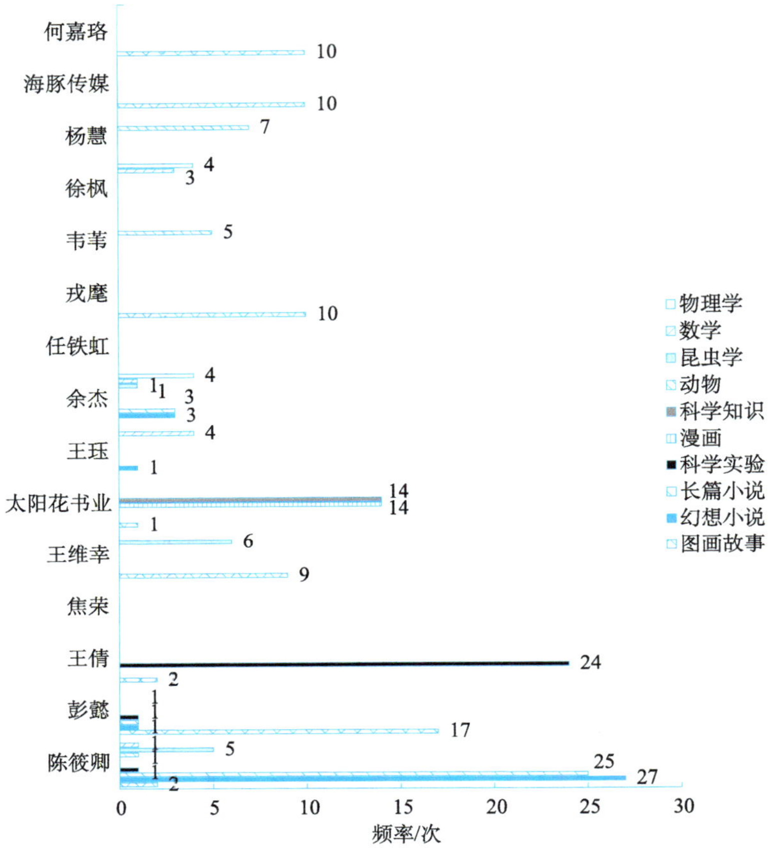

图 2-21　2017 年出版科普图书 TOP15 译者与排名前十位的主题词交叉图

第四节　2017 年与 2016 年出版的科普图书的对比分析

一、总体情况

如前文所述，相较于 2016 年，2017 年出版的科普图书种数明显上升，但科普图书印数、单品种科普图书平均印数以及每万人拥有科普图书的数量均有一定程度的下降。

二、内容与形式

（一）图书类型

在图书类型方面，2017 年出版的科普图书中，核心科普图书占比较 2016 年明显增高，泛科普图书占比明显降低，一般科普图书占比变化不大。

（二）学科分布

在学科分布方面，2017 年出版的科普图书中，R（医药、卫生）类和 Q（生物科学）类科普图书仍是最多的两类，S（农业科学）类、I（文学类）科普图书占比明显上升，而 G（文化、科学、教育、体育）类科普图书则有所减少。核心科普图书分布集中的学科中，除了 Q（生物科学）类在 2016 年、2017 年表现均相对稳定外，呈现出由 2016 年的在 G（文化、科学、教育、体育）类、Z（综合性图书）类、P（天文学、地球科学）类、O（数理科学和化学）类等类别集中分布，向 2017 年的 T（工业技术）类、R（医药、卫生）类、S（农业科学）类等类别迁移的现象。

（三）引进版科普图书

2017 年，引进版科普图书占当年出版科普图书的比例较 2016 年略有下降，来源国家和地区有少量增长。其中，从德国引进出版的科普图书数量和比例均有显著上升，从韩国引进的科普图书数量和比例则出现急剧下降。从引进版科普图书分布集中的学科来看，I（文学）类、Q（生物科学）类、T（工业技术）类在 2016 年、2017 年两个年度表现稳定，并呈现出由 2016 年集中分布于 K（历史、地理）类、G（文化、科学、教育、体育）类，向 2017 年集中分布于 R（医药、卫生）类、P（天文学、地球科学）类的变化。

（四）丛书

2017 年出版的科普图书丛书种数较 2016 年激增，几近翻倍；学科分布上也更加均衡，可以看出比较显著的分布变化。其中，分布最集中的学科是 R（医药、卫生）类，而非 2016 年的 Q（生物科学）类；S（农业科学）类、T（工业技术）类和 I（文学）类科普图书丛书的种数、占当年出版科普图书的比例均较 2016 年激增，而 G（文化、科学、教育、体育）类科普图书丛书出版数量和占当年出版科普图书的比例均较 2016 年锐减。

（五）定价

2017 年出版的科普图书的定价与 2016 年相比变化较大，上扬趋势显著。2016 年出版的科普图书定价以 10 ～ 30 元为主流，2017 年的主流定价区间则为 20 ～ 40 元。与此同时，2017 年出版的定价在 10 ～ 20 元区间的科普图书数量较 2016 年减少 1200 余种；定价在 30 ～ 40 元区间的科普图书数量较 2016 年增加约 800 种；定价在 290 元以上的科普图书数量较 2016 年增长近 3 倍。

（六）页数

与 2016 年相比，2017 年出版的科普图书的页数呈现一些变化。1 ～ 100 页的科普图书种数减少约 10%，400 页以上的科普图书增长了近 700 种，上涨约 5 个百分点，整体上朝“大部头”方向发展。

三、出版社与出版地

（一）出版社

2017 年，出版科普图书的出版社数量及其占全国出版社总数的比例均有小幅上升。与 2016 年相比，2017 年出版科普图书种数 TOP5 的出版单位及其所在地也发生显著变化。除化学工业出版社两个年度均稳居第一外，2017 年的第二至第五名分别是人民邮电出版社、电子工业出版社、机械工业出版社、清华大学出版社，全部为在京出版单位，这与2016年出版科普图书种数TOP5出版单位有4家在京外的情况大不相同，体现出科普图书出版进一步向北京集中的趋势。

2017年排名前十的科普图书出版单位分布格局较2016年相比发生微小变化，清华大学出版社异军突起，跻身前十；社名中含有“科学技术”的出版社出版科普图书的能力有一定提升。T（工业技术）类科普图书仍是2017年排名前十位的科普图书出版单位的主攻方向，次之的是S（农业科学）类，这不同于2016年以出版R（医药、卫生）类科普图书为主。2017年，排名前十位的科普图书出版单位出版核心科普图书、一般科普图书的比例较2016年明显增多，泛科普图书明显减少；在T（工业技术）类科普图书出版的数量集中方面，两极分化趋势进一步加剧；中国农业出版社出版S（农业科学）类科普图书的出版种数独家优势进一步凸显。

2017年，出版引进版科普图书的出版社较2016年增长12家，其中，长江少年儿童出版社在出版引进版科普图书方面进步显著，取代2016年的电子工业出版社，位居2017年引进版科普图书出版数量第二位。北京市出版引进版科普图书的数量、占比都有一定上升，特别是译自美国的科普图书增长125种。

（二）出版地

2017年全国出版科普图书的城市较2016年增加3家，北京、上海、南京、长春位于科普图书出版种数的前四位，北京出版的科普图书数量最多，与2016年的情况基本相同。与2016年不同的是，成都取代武汉成为科普图书出版种数第五名的城市；北京出版的科普图书种数占全国科普图书出版种数的比例大幅增加，由2016年的48.03%增至2017年的64.19%。

与2016年相比，2017年出版科普图书在100种以上的城市数量减少1个，变化不大；出版科普图书在500种以上的城市由 6 个减至 3 个。

出版科普图书种数 TOP5 的城市仍以出版核心科普图书为主，比例过半，增长明显，而出版的泛科普图书种数大幅减少。各城市出版科普图书的学科分布变化不大。2017 年，成都主要出版 I（文学）类科普图书，以科幻作品为主。

四、作者、译者和主题词

（一）作者和主题词

2017 年，TOP50 的科普图书作者出版的科普图书种数仍占全年出版的科普图书的一成以上，但占比较 2016 年略有下降；作者作品在不同出版社的分布方面，分散出版和集中出版两种情况依然存在，与 2016 年情况类似。在科普图书主题词方面，2017 年“科学知识”的出现频率仍最高，“（科学）幻想小说”仍排在第三位，与 2016 年情况均一致，但 2017 年，主题词“图画故事”自成一类，高居第二位。

（二）译者和主题词

与 2016 年相比，2017 年的科普图书译者队伍明显壮大，增长超过 1/2。头部领衔译者仍为陈筱卿，主要作品为翻译自国外的经典科普作品。排名前 50 位的译者所翻译的科普作品仍主要来自美国、英国、法国、日本、德国。

科普图书译者 TOP15 涉及的主题词中，出现频率较多的是“图画故事”“幻想小说”“长篇小说”“科学实验”等，由此可见，2017 年（科学）幻想小说的热度仍不减。

第三章

2018 年科普图书出版概况

2018年，科普图书出版的各项指标较2017年整体上有所回落。据《中国科普统计（2019年版）》数据，2018年，全国共出版科普图书11 120种，比2017年减少2939种，占当年全国出版图书种数的4.92%；2018年全国科普图书的发行量达到8606.6万册，比2017年减少2581万册，占2018年全国图书总发行量的0.86%；2018年，单品种科普图书的平均出版量为7740册，比2017年减少2.74%，平均每万人拥有科普图书617册①。

本书运用统筹筛选法，从全国图书馆联合编目中心数据库中提取初始科普图书数据（2018年出版），经过数据清洗和人工甄选后，最终确定12 939条（附表1-2，详细书目信息可扫描附表1-2附带的二维码获得）。这一结果与科技部《中国科普统计（2019年版）》公布的全国2018年出版科普图书的数据（11 120种）有一定出入，但体现出的发展趋势一致。

第一节　2018年科普图书出版统计情况分析

一、2018年出版的科普图书类型统计情况

2018年出版的科普图书中，核心科普图书有7441种，占所提取科普图书总数的58%；一般科普图书有2257种，占所提取科普图书总数的17%；泛科普图书有3241种，占所提取科普图书的25%（图3-1）。

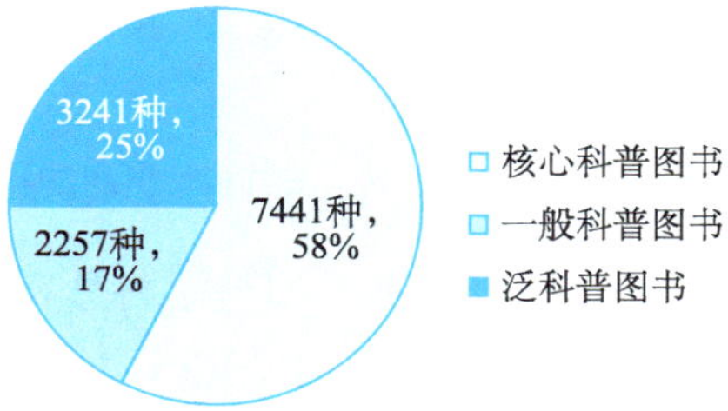

图3-1　2018年出版的科普图书类型比例图

① 中华人民共和国科学技术部. 中国科普统计（2019年版）[M]. 北京：科学技术文献出版社，2019：78.

二、2018 年出版的科普图书学科分布统计情况

从学科分布来看（图 3-2），R（医药、卫生）类、I（文学）类、S（农业科学）类、Q（生物科学）类和 T（工业技术）类等的科普图书出版数量最多，均在千种以上，其中 R（医药、卫生）类科普图书数量为 2579 种，占据优势地位，与 2017 年的出版情况基本相同。I（文学）类科普图书与 2017 年相比有大幅增长，上升至第二位；T（工业技术）类科普图书较 2017 年有大幅减少，从第一位落至第五位。总体上来看，R（医药、卫生）类、I（文学）类、S（农业科学）类、Q（生物科学）类，T（工业技术）类等领域仍然是目前科学普及的主要内容。

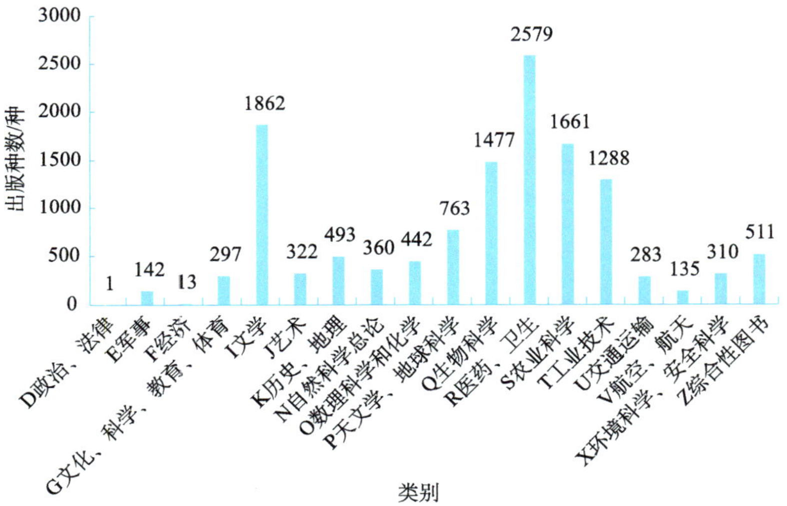

图 3-2　2018 年出版的科普图书学科分布情况

从科普图书类型与学科分布的交叉情况来看（表 3-1），核心科普图书主要集中在 Q（生物科学）类、R（医药、卫生）类、I（文学）类和 P（天文学、地球科学）类等学科，总数达 4007 种，约占 2018 年出版核心科普图书总数的 53.85%。一般科普图书则主要集中在 S（农业科学）类、T（工业技术）类、R（医

药、卫生）类等学科，出版总数有 2007 种，约占 2018 年出版一般科普图书总数的 88.92%。泛科普图书主要集中在 R（医药、卫生）类及 I（文学）类等学科，出版总数为 2092 种，约占当年泛科普图书出版总数的 64.55%。

表 3-1　2018 年出版的科普图书类型与学科分布交叉表

（单位：种）

科普图书学科分类	科普图书类型			总计
	核心科普	一般科普	泛科普	
D 政治、法律	1	0	0	1
E 军事	122	0	20	142
F 经济	9	0	4	13
G 文化、科学、教育、体育	220	6	71	297
I 文学	882	0	980	1 862
J 艺术	189	2	131	322
K 历史、地理	340	0	153	493
N 自然科学总论	319	1	40	360
O 数理科学和化学	430	0	12	442
P 天文学、地球科学	635	41	87	763
Q 生物科学	1 306	4	167	1 477
R 医药、卫生	1 184	283	1 112	2 579
S 农业科学	356	1 124	181	1 661
T 工业技术	485	600	203	1 288

续表

科普图书学科分类	科普图书类型			总计
	核心科普	一般科普	泛科普	
U 交通运输	145	111	27	283
V 航空、航天	109	15	11	135
X 环境科学、安全科学	202	69	39	310
Z 综合性图书	507	1	3	511
总计	7 441	2 257	3 241	12 939

三、2018 年出版的引进版科普图书情况分析

在提取的科普图书数据中，引进版科普图书有 2908 种，约占当年科普图书出版总数的 22.47%，与 2017 年出版的引进版科普图书在数量上基本持平。从引进版科普图书的来源地来看（图 3-3），主要包括美国、英国、法国、日本、德国、加拿大、意大利、韩国等 39 个国家和地区，其中译自美国、英国、法国、日本、德国等几个国家的科普图书最多，合计 2352 种（分别为：美国 890 种、英国 643 种、法国 444 种、日本 245 种、德国 130 种），占 2018 年出版的引进版科普图书总数的 80.88%。

从引进版科普图书的学科分布情况来看（图 3-4），I（文学）类，Q（生物科学）类、R（医药、卫生）类、P（天文学、地球科学）类和 T（工业技术）类等学科的图书数量较多。值得注意的是，与 2017 年相比，T（工业技术）类引进版科普图书的出版数量大幅降低，I（文学）类引进版科普图书的出版数量持续增加，由此可见外国科幻小说在中国广受欢迎。

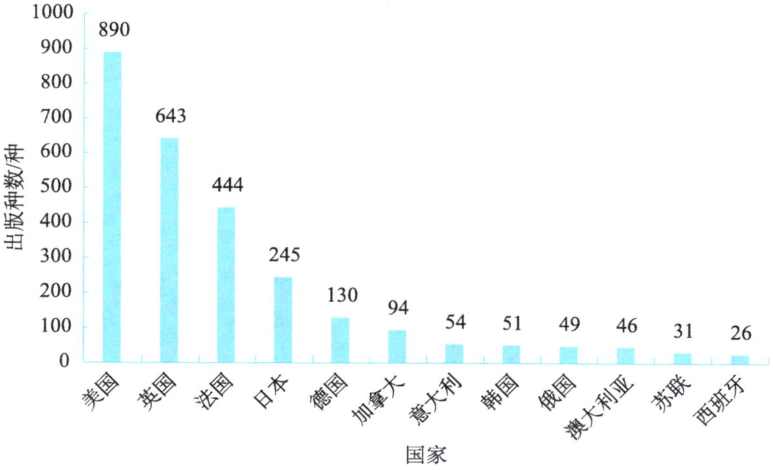

图 3-3　2018 年出版的引进版科普图书的主要来源国分布

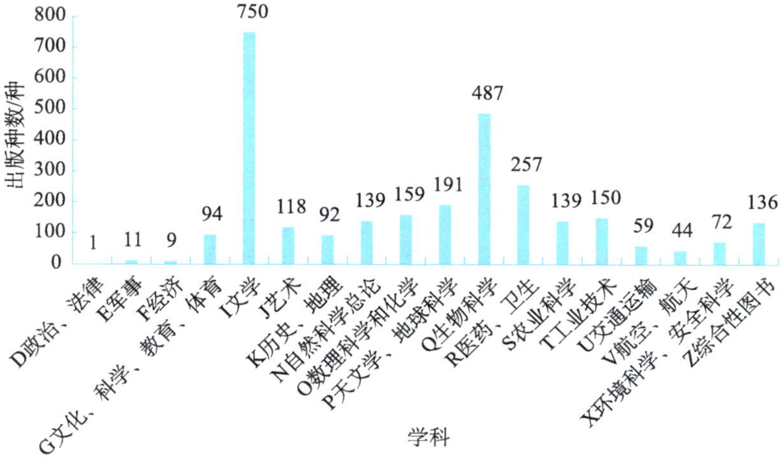

图 3-4　2018 年出版的引进版科普图书的学科分布

四、2018 年出版的科普图书丛书情况分析

2018 年出版的科普图书中，丛书有 2567 种，占当年出版科普图书种数的 19.83%。从学科分布来看（图 3-5），丛书多集中于 R（医药、卫生）类，达 575 种，占丛书总数的 22.40%；其次是 I（文学）类、S（农业科学）类和 T（工业技术）类。

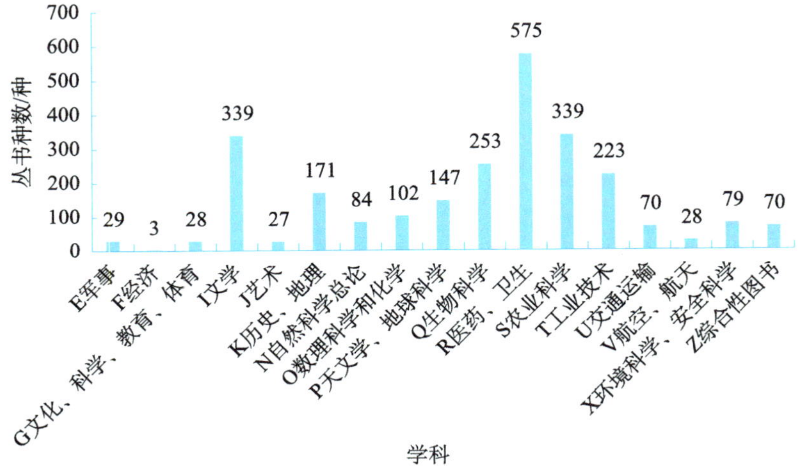

图 3-5　2018 年出版的科普图书丛书学科分布情况

五、2018 年出版的科普图书定价情况分析

从科普图书定价情况来看（图 3-6，由于部分书目定价不详，本项统计的科普图书总数为 12 930 种），定价在 31 ～ 40 元的科普图书数量最多，达 2656 种，占 2018 年科普图书出版总数的 20.54%；定价在 21 ～ 30 元及 41 ～ 50 元的科普图书数量分别为 2515 种和 1923 种，分别占 2018 年科普图书出版总数的

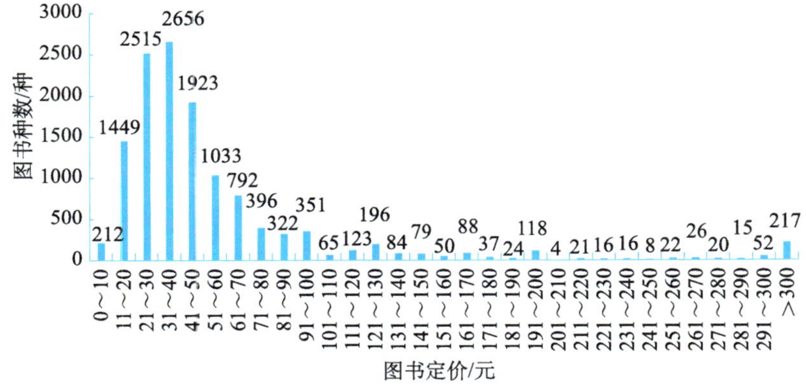

图 3-6　2018 年出版的科普图书定价分布情况

19.45% 和 14.87%。整体来看，2018 年出版的科普图书大多数定价不高。

从科普图书学科与价格的交叉情况来看（表 3-2，由于部分书目定价不详，本项统计的科普图书总数为 12 930 种），在 0 ～ 10 元的定价区间中，P（天文学、地球科学）类科普图书最多，有 34 种，占该价格区间科普图书总数的 16.04%；在 11 ～ 20 元定价区间中，最多的科普图书是 I（文学）类，有 332 种，占该定价区间科普图书总数的 22.91%；在 21 ～ 30 元的定价区间中，最多的科普图书仍是 I（文学）类，有 543 种，占该定价区间科普图书总数的 21.59%；在 31 ～ 40 元的定价区间中，最多的科普图书是 R（医药、卫生）类，共 692 种，占该定价区间科普图书总数的 26.05%；在 41 ～ 50 元的定价区间中，最多的科普图书仍是 R（医药、卫生）类，有 552 种，占该定价区间科普图书总数的 28.71%。各学科较为集中的定价区间是 31 ～ 40 元，共有 2656 种，占该年科普图书总数的 20.54%；其次是 21 ～ 30 元和 41 ～ 50 元两个定价区间，分别为 2515 种和 1923 种，分别占该年科普图书总数的 19.45% 和 14.87%。

六、2018 年出版的科普图书页数情况分析

从科普图书的页数来看（图 3-7，由于部分书目页数不详，本项统计的科普图书总数为 12 250 种），2018 年出版的科普图书中，页数为 101 ～ 200 页的数量最多，有 4113 种，占该年科普图书出版总数的 33.58%；其次为 201 ～ 300 页和 1 ～ 100 页的科普图书，数量分别为 2712 种和 2590 种，分别占该年科普图书出版总数的 22.14% 和 21.14%。这一情况与 2017 年出版的科普图书页数情况基本相同。

表 3-2　2018 年出版科普图书的学科及定价情况交叉表

科普图书学科分类	定价区间 / 元												总计
	0～10	11～20	21～30	31～40	41～50	51～60	61～70	71～80	81～90	91～100	101～200	>200	
D 政治、法律	0	0	0	0	0	1	0	0	0	0	0	0	1
E 军事	10	29	17	18	22	21	11	4	3	2	4	1	142
F 经济	0	0	0	4	1	3	4	0	0	0	1	0	13
G 文化、科学、教育、体育	11	23	49	79	45	17	13	9	12	16	22	1	297
I 文学	24	332	543	523	179	85	44	27	31	15	46	13	1 862

续表

科普图书学科分类	定价区间/元												总计
	0～10	11～20	21～30	31～40	41～50	51～60	61～70	71～80	81～90	91～100	101～200	>200	
J艺术	2	35	31	45	64	29	28	13	19	26	25	5	322
K历史、地理	0	64	75	68	75	41	31	25	27	22	44	21	493
N自然科学总论	1	18	53	78	53	34	29	16	12	11	45	10	360
O数理科学和化学	20	41	124	78	80	35	24	7	5	9	18	1	442
P天文学、地球科学	34	91	162	124	81	55	31	18	15	19	83	49	762

续表

科普图书学科分类	定价区间 / 元												总计
	0 ~ 10	11 ~ 20	21 ~ 30	31 ~ 40	41 ~ 50	51 ~ 60	61 ~ 70	71 ~ 80	81 ~ 90	91 ~ 100	101 ~ 200	>200	
Q 生物科学	20	239	333	222	132	89	70	38	34	47	160	92	1 476
R 医药、卫生	19	146	418	692	552	226	172	67	60	58	101	68	2 579
S 农业科学	15	157	313	338	208	122	88	58	35	57	154	116	1 661
T 工业技术	11	50	131	219	300	193	146	71	41	45	61	16	1 284
U 交通运输	7	36	50	44	30	24	30	14	13	6	22	7	283

续表

科普图书学科分类	定价区间 / 元												总计
	0～10	11～20	21～30	31～40	41～50	51～60	61～70	71～80	81～90	91～100	101～200	>200	
V 航空、航天	5	16	24	18	16	15	21	6	1	2	8	3	135
X 环境科学、安全科学	15	59	78	52	29	14	14	7	7	6	18	8	307
Z 综合性图书	18	113	114	54	56	29	36	16	7	10	52	6	511
总计	212	1 449	2 515	2 656	1 923	1 033	792	396	322	351	864	417	12 930

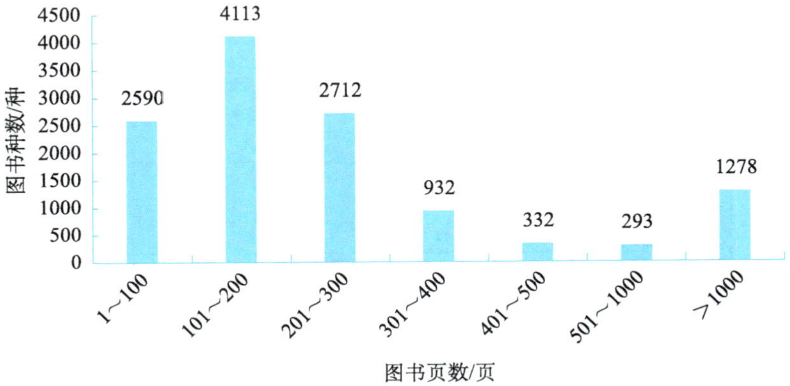

图 3-7　2018 年出版的科普图书页数分布

第二节　2018 年出版的科普图书的出版地与出版社分析

一、出版地

（一）概况

统计结果显示，2018 年全国共有 55 个城市的出版单位出版了科普图书，其中北京、上海、南京、哈尔滨、成都出版的科普图书数量位列前 5 位，合计出版科普图书 8287 种，占 2018 年全国科普图书出版总数的 64.04%。其中，北京出版的科普图书数量最多，达 6122 种，占 2018 年全国科普图书出版总数的 47.31%，以绝对优势高居榜首；上海、南京、哈尔滨、成都出版的科普图书分别为 610 种、561 种、522 种、472 种，位列北京之后（图 3-8）。在出版地方面，科技部是以省级行政区划为单位进行统计的，其前 5 位分别是北京、浙江、上海、江西和天津，本书则是以市为单位进行统计的；在出版数量方面，科技部的统计结果显示，北京、上海在 2018 年出版的科普图书数量分别为 4400 种和 1131 种[①]，与本书的统计结果有一定出入。

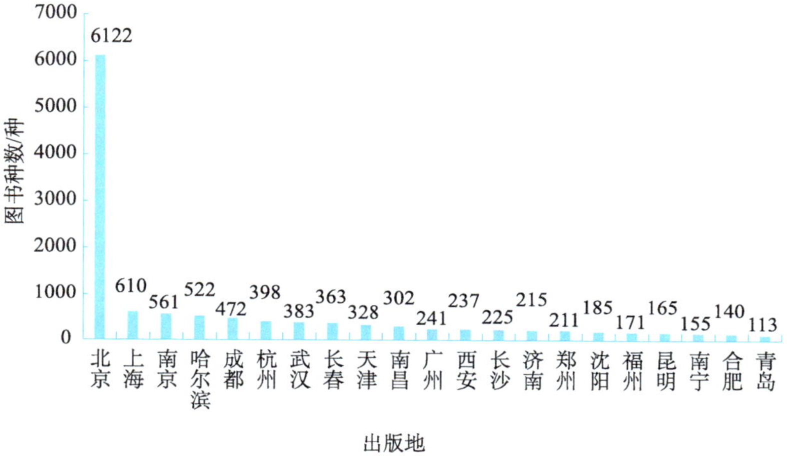

图 3-8　2018 年科普图书出版地分布情况

注：受限于版面，本图只显示 2018 年科普图书出版种数在 100 种以上的城市。

2018 年，北京、上海、南京、哈尔滨、成都 5 个城市共有 295 家出版单位出版了科普图书，其出版单位数量依次为 215 家、37 家、15 家、12 家、16 家。这 5 个城市的科普图书出版单位平均出版科普图书的数量依次为 28 种、16 种、37 种、44 种、30 种。其中，出版科普图书数量排名前五位的出版单位分别为化学工业出版社（458 种）、中国农业出版社（303 种）、人民邮电出版社（277 种）、科学出版社（237 种）、机械工业出版社（233 种）。从以上统计数据可以看出，北京市虽然在科普图书出版数量、出版单位数量等方面占有绝对优势，但在出版单位平均出版科普图书的数量上并不是最突出的，甚至低于哈尔滨。

① 中华人民共和国科学技术部．中国科普统计（2019 年版）[M]. 北京：科学技术文献出版社，2019：80.

（二）出版地与学科分布

从表 3-3 可以看出，北京、上海出版的科普图书多集中在 R（医药、卫生）类，南京出版的科普图书集中在 I（文学）类，哈尔滨出版的科普图书多集中在 Q（生物科学）类，成都出版的科普图书则多集中在 I（文学）类。总体来看，这 5 个城市出版的科普图书主要集中在 R（医药、卫生）类、Q（生物科学）类和 I（文学）类。

表 3-3　2018 年出版科普图书数量排名前五位的出版地的科普图书学科分布

（单位：种）

科普图书学科分类	北京	上海	南京	哈尔滨	成都	合计
E 军事	75	1	4	15	8	103
F 经济	5	0	0	0	1	6
G 文化、科学、教育、体育	122	32	8	8	17	187
I 文学	575	84	179	52	113	1003
J 艺术	180	18	1	6	47	252
K 历史、地理	231	28	16	14	30	319
N 自然科学总论	121	25	11	17	9	183
O 数理科学和化学	225	23	18	20	15	301
P 天文学、地球科学	350	43	29	40	21	483
Q 生物科学	535	68	70	138	53	864
R 医药、卫生	1250	145	101	92	49	1637
S 农业科学	921	33	36	39	25	1054
T 工业技术	897	46	42	37	25	1047
U 交通运输	199	14	4	5	6	228
V 航空、航天	72	13	1	4	3	93

续表

科普图书学科分类	北京	上海	南京	哈尔滨	成都	合计
X 环境科学、安全科学	164	20	15	5	15	219
Z 综合性图书	200	17	26	30	35	308
合计	6122	610	561	522	472	8287

（三）出版地与科普图书类型

就科普图书类型而言，北京、上海、南京、长春、成都出版的核心科普图书较多（图 3-9），共有 4685 种，占这 5 个城市科普图书出版总数的 56.53%，占 2018 年全国核心科普图书出版总数的 62.96%。这 5 个城市出版的一般科普图书和泛科普图书分别为 1689 种、1913 种，分别占这 5 个城市科普图书出版总数的 20.38% 和 23.08%，分别占 2018 年全国一般科普图书和泛科普图书出版总数的 74.83% 和 59.02%。

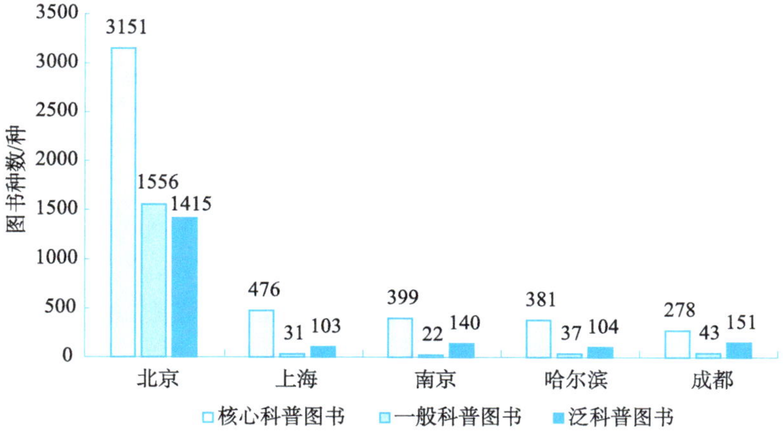

图 3-9　2018 年出版科普图书数量排名前五位的出版地的图书类型分布

（四）出版地与引进版科普图书

从引进版科普图书的出版情况（图 3-10）来看，北京市出版的引进版科普图书最多，有 1263 种，约占 2018 年引进版科普图书出版总数的 43.43%，上海、成都、杭州、南京出版的引进版科普图弓也较多，这 5 个城市出版的引进版科普图书合计为 1893 种，约占当年引进版科普图书出版总数的 65.10%。

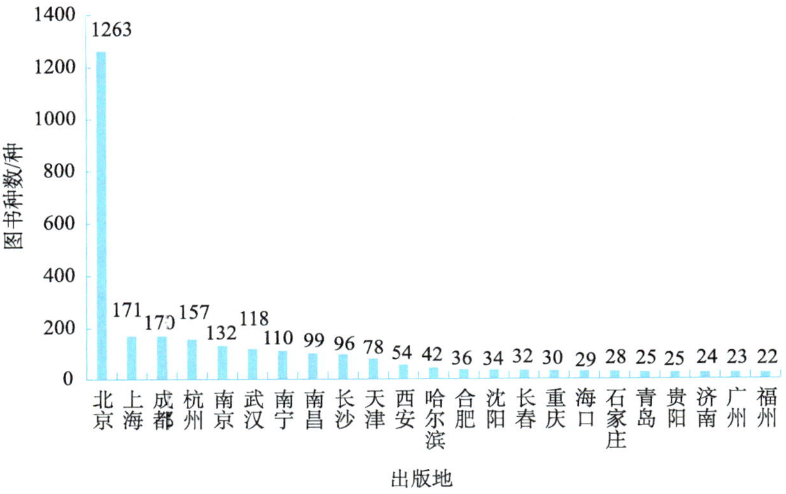

图 3-10　各出版地 2018 年出版引进版科普图书情况

注：受限于版面，本图未显示引进版科普图书出版数量较少的地区。

从引进版科普图书的来源国别（表 3-4）来看，各地出版引进版科普图书的来源国别有所不同，如北京、成都、杭州、上海译自美国的科普图书较多，分别为 405 种、78 种、74 种、53 种；北京、南宁、武汉译自英国的科普图书较多，分别为 268 种、86 种、33 种；北京、上海、南京、成都译自法国的科普图书较多，分别为 178 种、40 种、30 种、24 种；北京、上海、武汉译自日本的科普图书较多，分别为 110 种、25 种、18 种。值得一提的是，北京由于出版引进版科普图书最多，因此译自各国的科普图书数量也都很多，译自美国、英国、法国、日本等国的图书均在 100 种以上。

表 3-4 2018 年各出版地出版的引进版科普图书的来源国别情况

（单位：种）

出版地	译著来源国别						合计
	美国	英国	法国	日本	德国	其他	
北京	405	268	178	110	55	247	1263
上海	53	31	40	25	4	18	171
成都	78	31	24	4	3	30	170
杭州	74	23	15	6	11	28	157
南京	48	14	30	12	19	9	132
武汉	28	33	12	18	3	24	118
南宁	10	86	14	0	0	0	110
南昌	9	10	17	12	6	45	99
长沙	39	29	13	1	2	12	96
天津	20	10	11	5	8	24	78
西安	1	27	8	1	6	11	54
哈尔滨	16	2	13	0	0	11	42
合肥	2	11	2	16	1	4	36
沈阳	11	8	8	5	1	1	34
长春	2	4	18	0	0	8	32
重庆	11	12	2	0	1	4	30
海口	8	0	2	8	1	10	29
石家庄	3	4	1	6	7	7	28
贵阳	15	1	0	3	0	6	25
青岛	18	0	4	3	0	0	25
济南	5	5	7	1	1	5	24

续表

出版地	译著来源国别						合计
	美国	英国	法国	日本	德国	其他	
广州	9	0	2	1	0	11	23
福州	2	0	5	3	0	12	22
合计	867	609	426	240	129	527	2798

注：受限于版面，本表未显示出版引进版科普图书较少的地区与来源国别。

二、出版社

本书统计结果显示，2018 年全国出版科普图书的出版社共有 506 家，占全国出版社总数的 86.50%（截至 2018 年年底，全国共有出版社 585 家[①]），其中化学工业出版社出版科普图书最多，有 458 种，排名前十位的出版社还有中国农业出版社、人民邮电出版社、科学出版社、机械工业出版社、黑龙江美术出版社、北京联合出版公司、天津科学技术出版社、人民卫生出版社、中国农业科学技术出版社，这十家出版社合计出版科普图书 2550 种，占同年全国科普图书出版总数的 19.71%（图 3-11）。

统计发现，社名中含有“科学技术”的出版社是出版科普图书的重要力量。本书共统计出该类出版社达 28 家，从出版的科普图书数量来看，该类出版社共出版科普图书 2229 种，占同年全国科普图书出版总数的 17.23%，其中天津科学技术出版社出版的科普图书最多，有 201 种；其次为中国农业科学技术出版社、江苏凤凰科学技术出版社、中国科学技术出版社、黑龙江科学技术出版社、江西科学技术出版社、湖南科学技术出版社、吉林科学技术出版社、四川科学技术出版社、福建科学

① 国家新闻出版署 . 2018 年全国新闻出版业基本情况 [EB/OL]. http://media.people.com.cn/n1/2019/0829/c40606-31325579.html[2019-08-29].

技术出版社等，以上出版社在 2018 年出版的科普图书数量均在 100 种以上（图 3-12）。

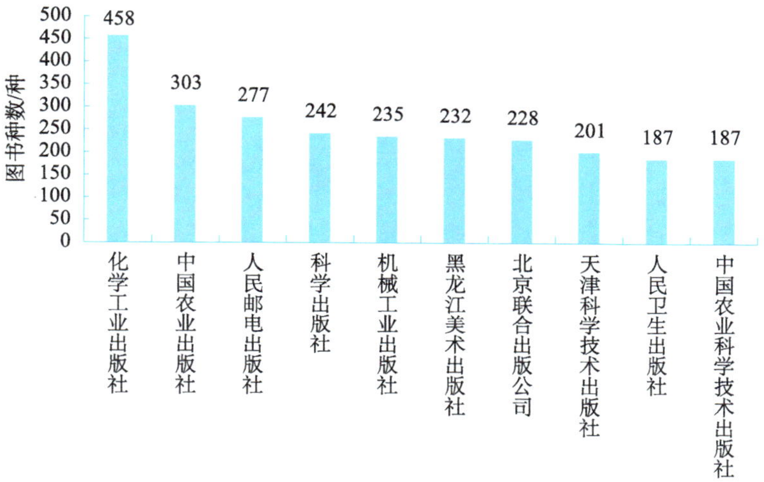

图 3-11　2018 年出版科普图书数量 TOP10 出版社

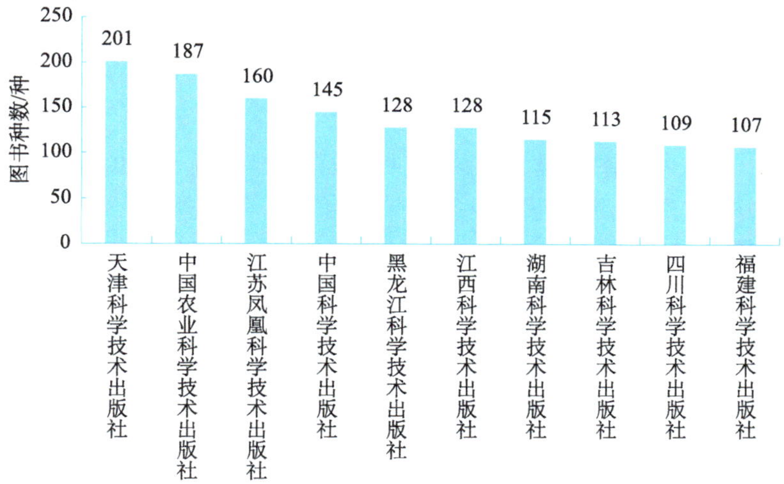

图 3-12　社名中含有“科学技术”的出版社 2018 年的科普图书出版情况

注：本图只显示此类出版社中出版科普图书在 100 种以上的出版社。

（一）出版社与出版科普图书学科

从 2018 年科普图书出版数量排名前十位的出版社的出版情况（图 3-13）来看，出版的科普图书多集中在 S（农业科学）类和 R（医药、卫生）类。出版 S（农业科学）类科普图书最多的是中国农业出版社，共出版 256 种；其次是中国农业科学技术出版社，为 159 种。出版 R（医药、卫生）类科普图书最多的是人民卫生出版社，共出版 169 种；其次是天津科学技术出版社，为 145 种。从出版数量集中程度来看，S（农业科学）类科普图书呈现两极分化的趋势，中国农业出版社、中国农业科学技术出版社、化学工业出版社的出版数量均在 100 种及以上，而科学出版社、机械工业出版社、天津科学技术出版社、北京联合出版公司、黑龙江美术出版社、人民卫生出版社和人民邮电出版社的出版数量均不足 40 种；R（医药、卫生）类科普图书的出版呈现双峰并立的局面，人民卫生出版社和天津科学技术出版社出版的 R（医药、卫生）类科普图书分别为 169 种和 145 种，远高于其他出版社。

（二）出版社与出版科普图书类型

从科普图书类型（图 3-14）来看，排名前十位的出版社出版核心科普图书数量最多，有 1171 种，约占这 10 个出版社出版科普图书总量的 45.92%；其次为一般科普图书和泛科普图书，分别为 910 种和 469 种。从各出版社的出版情况来看，黑龙江美术出版社出版的核心科普图书最多，为 218 种；中国农业出版社出版的一般科普图书最多，为 213 种；天津科学技术出版社出版的泛科普图书最多，为 99 种。

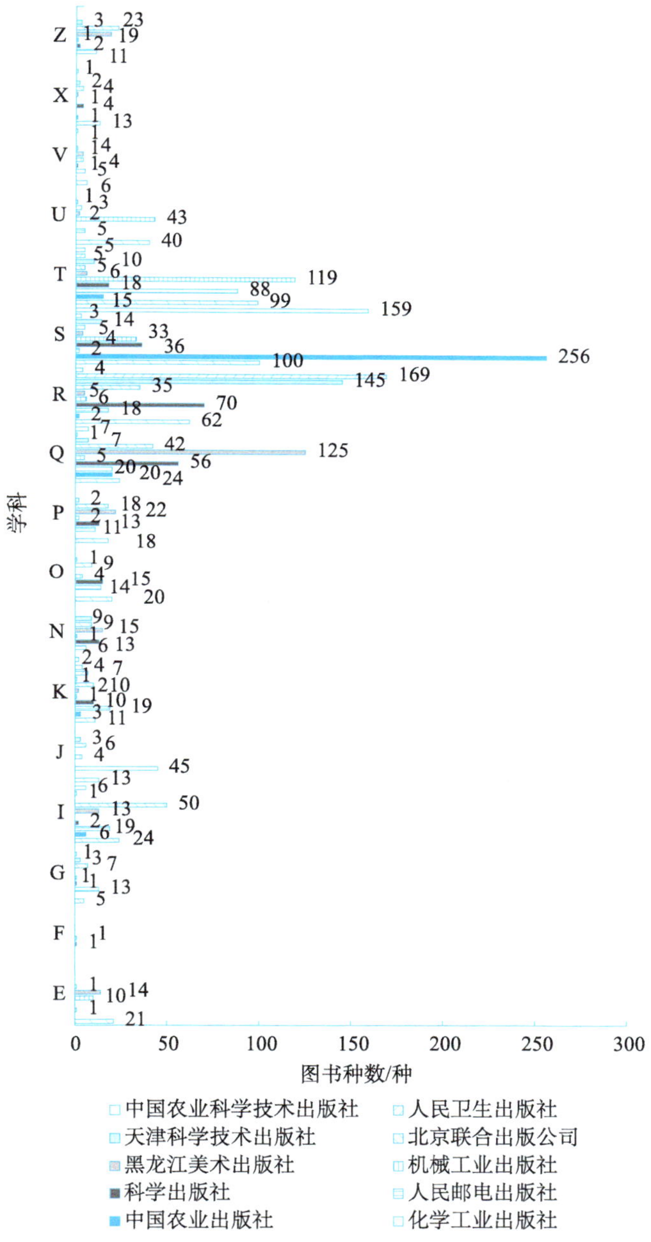

图 3-13 2018年出版科普图书 TOP10 出版社的学科分布

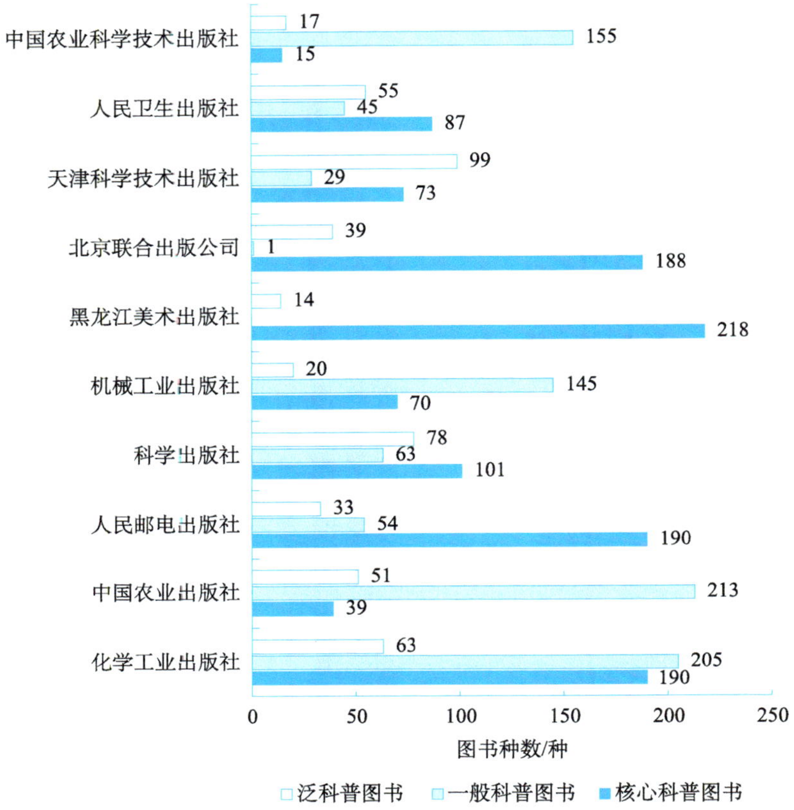

图 3-14　2018 年出版科普图书 TOP10 出版社的图书类型分布

（三）出版社与引进版科普图书情况

本书统计结果显示，2018 年出版引进版科普图书的出版社共有 269 家，出版引进版科普图书总数为 2908 种。其中，北京联合出版公司出版的引进版科普图书最多，共 159 种；其次为中信出版集团、接力出版社和人民邮电出版社，分别为 118 种、110 种和 110 种（图 3-15）。出版科普图书数量最多的化学工业出版社出版引进版科普图书却不多，仅有 31 种，排名第 20 位；人民邮电出版社不仅出版科普图书的整体数量较多，出版引进版科普图书的数量也较多。前文已述，引进版科普图书的来源国别多集中在美国、英国、法国、日本、德国等，而具体到各出版社，则分别有所侧重。从图 3-16 可以看出，北京联合出版公司译自美国的科普图书最多，有 65 种；接力出版社译自英国的科普图书最多，有 86 种；上海文化出版社译自法国的科普图书最多，有 27 种。

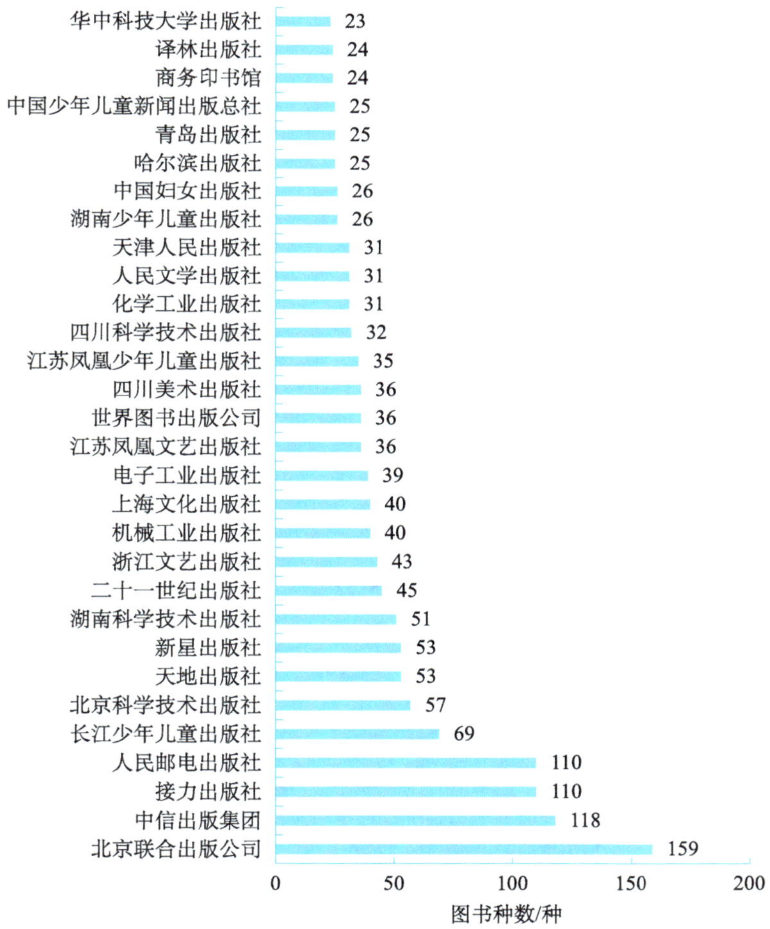

图 3-15　2018 年出版引进版科普图书数量 TOP30 出版社

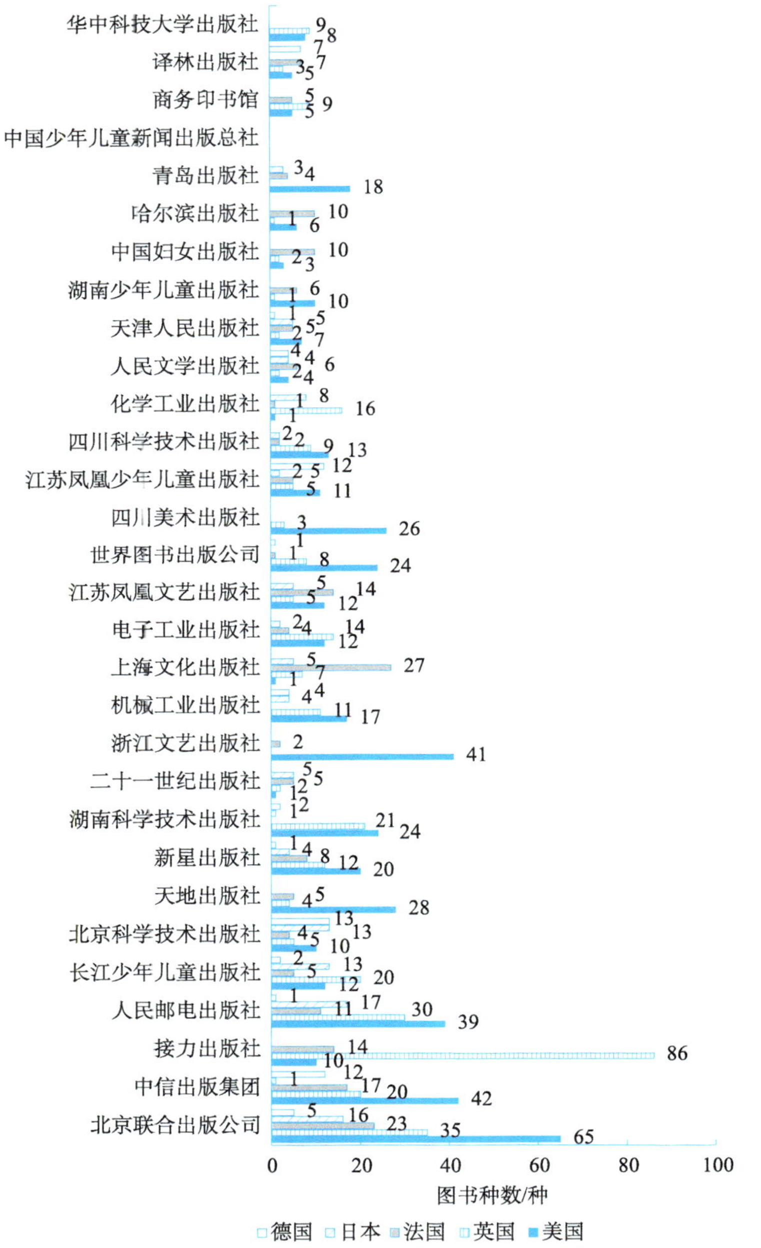

图 3-16　2018 年出版引进版科普图书 TOP30 出版社的科普图书来源国别情况

第三节　2018 年出版科普图书的作者与译者分析

一、作者

（一）概况

表 3-5 是 2018 年出版科普图书的 TOP50 作者，这些作者共出版科普图书 1768 种，占该年科普图书出版总数的 13.66%。其中，出版科普图书最多的作者是儒勒·凡尔纳，共有 169 种，儒勒·凡尔纳是世界著名科幻小说家，他的作品经得起时间的考验，经久不衰；其次是亨利·法布尔和崔钟雷，出版的科普图书数量分别为 104 种和 77 种。

表 3-5　2018 年出版科普图书作者 TOP50

（单位：种）

序号	作者	科普图书种数	序号	作者	科普图书种数
1	儒勒·凡尔纳	169	7	Tatsuro · Kiuche	58
2	亨利·法布尔	104	8	英国尤斯伯恩出版公司	48
3	崔钟雷	77	9	金蟾	44
4	杨鹏	71	10	周欢	40
5	童趣出版有限公司	62	11	笑江南	36
6	狂野动物绘本编委会	58	12	迈克斯	35

续表

序号	作者	科普图书种数	序号	作者	科普图书种数
13	龚勋	34	30	李唐文化工作室	25
14	胡维勤	34	31	李毓佩	25
15	蕾切尔·卡森	34	32	纸上魔方	24
16	维克多·阿普尔	33	33	沈石溪	24
17	韩雪涛	32	34	李晨森	23
18	克里斯·费里	31	35	刘兴诗	23
19	海豚传媒	30	36	文贤阁科普馆	23
20	冯化太	29	37	小熊工作室	23
21	小牛顿科学教育有限公司	29	38	英国 Vampire Squid Productions 有限公司	23
22	李时珍	29	39	曾才友	22
23	焦庆锋	28	40	李敏	22
24	梅利莎·吉什	28	41	陈士林	21
25	亨利·戴维·梭罗	28	42	美国尼克儿童频道	21
26	保冬妮	27	43	史黛芬妮·勒迪	21
27	臧俊岐	27	44	史蒂夫·詹金斯	21
28	张功学	26	45	禹南	21
29	弘钟贤	25	46	张明	21

续表

序号	作者	科普图书种数	序号	作者	科普图书种数
47	欧内斯特·汤普森·西顿	21	49	饶忠华	20
48	李春深	20	50	李超	18

（二）作者与出版社

就作者作品在出版社的出版情况而言，大致可分为分散出版和集中出版两种情况。以作者 TOP10 为例，从图 3-17 中可以看出，儒勒·凡尔纳、亨利·法布尔、杨鹏等的作品在许多出版社都有出版，相对较为分散；而崔钟雷、童趣出版有限公司、狂野动物绘本编委会、Tatsuro·Kiuche、英国尤斯伯恩出版公司、金蟾和周欢的作品则比较集中，崔钟雷的作品主要在黑龙江美术出版社出版（有 65 种），童趣出版有限公司的作品主要在人民邮电出版社出版（有 62 种），狂野动物绘本编委会和 Tatsuro·Kiuche 的作品集中在黑龙江美术出版社出版（均有 58 种），英国尤斯伯恩出版公司的作品集中在接力出版社出版（有 48 种），金蟾的作品集中在江苏凤凰美术出版社出版（有 44 种），周欢的作品集中在山东美术出版社出版（有 40 种）。在排名前 50 名的作者中，崔钟雷、李毓佩、刘兴诗、纸上魔方的作品都曾入选科技部的全国优秀科普作品名录。

（三）作者与主题词

主题词是指一本图书的关键词，是对该图书内容及其所属类别的简介概括，在中国图书馆分类法中往往标注为“论题名称主题－款目要素”。在 2018 年出版的科普图书中，共统计出 2582 个主题词，其中“图画故事”出现的频率最高，共有 687 次；其次是“科学知识”“儿童小说”，出现频率分别为 586 次和 504 次。出现频率最多的前 50 个主题词及其出现频次如表 3-6 所示。

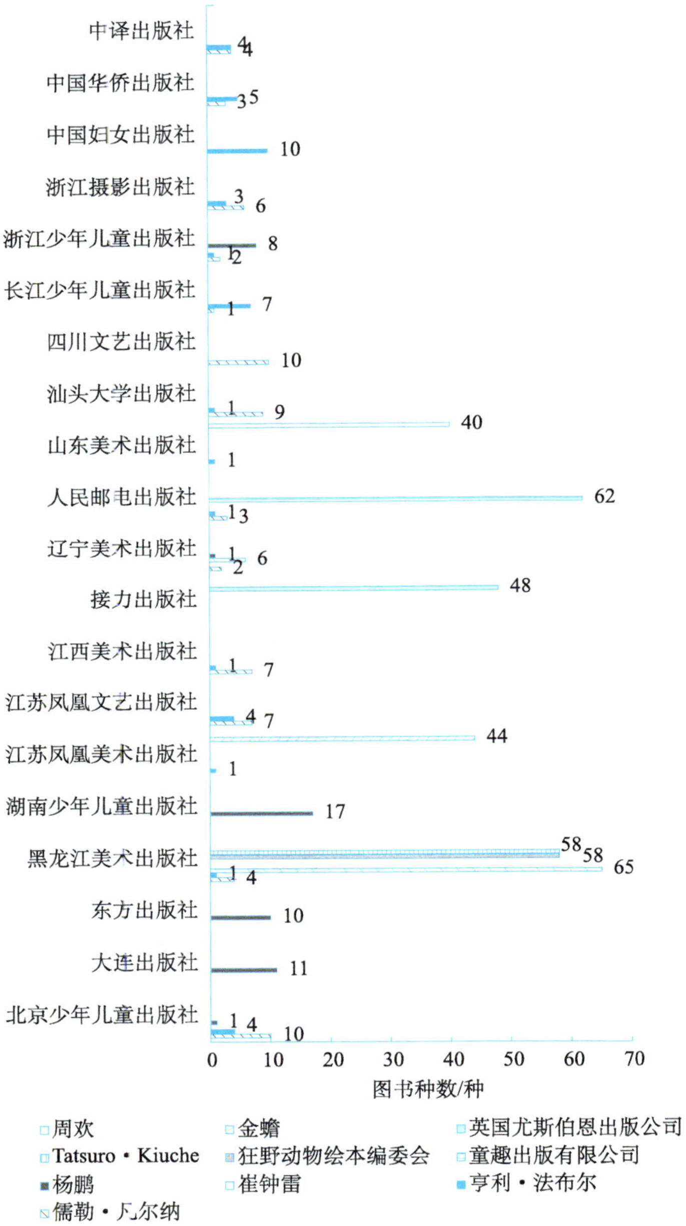

图 3-17　2018 年出版科普图书作者 TOP10 与出版社交叉图

注：受限于版面，本图只展示相关排名前二十位的出版社。

表 3-6　2018 年出版科普图书主题词 TOP50 及其出现频次

（单位：次）

序号	主题词	出现频次	序号	主题词	出现频次
1	图画故事	687	23	安全教育	80
2	科学知识	586	24	海洋	80
3	儿童小说	504	25	童话	79
4	幻想小说	456	26	养生（中医）	77
5	长篇小说	343	27	短篇小说	71
6	动物	293	28	中医学	71
7	恐龙	233	29	鸟类	69
8	漫画	233	30	环境保护	68
9	植物	172	31	地球	65
10	数学	170	32	妊娠期	65
11	汉语拼音	157	33	昆虫	63
12	自然科学	152	34	女性	63
13	儿童故事	147	35	花卉	60
14	婴幼儿	141	36	科学实验	55
15	昆虫学	114	37	儿童	53
16	宇宙	112	38	老年人	53
17	二十四节气	111	39	物理学	51
18	汽车	104	40	移动电话机	51
19	小儿疾病	102	41	蔬菜	50
20	地理	92	42	科学技术	49
21	人体	85	43	森林	49
22	散文集	81	44	办公自动化	46

续表

序号	主题词	出现频次	序号	主题词	出现频次
45	保健	46	48	智力游戏	43
46	程序设计	45	49	糖尿病	42
47	表处理软件	44	50	天文学	42

以 TOP10 作者为例，将其与主题词交叉对比可以看出同一作者出版的科普图书在内容方面的分布情况。图 3-18 是 2018 年 TOP10 作者出版科普图书的主题词分布情况，可以看出，有些作者出版的科普图书主题词相对集中，如亨利·法布尔的作品集中在“昆虫学”，杨鹏的作品集中在“儿童小说”，金蟾的作品集中在“图画故事”。还有一些作者的作品主题词相对分散，如儒勒·凡尔纳作品的主题词除“幻想小说”外，还有“长篇小说”“汉语拼音”等；崔钟雷作品的主题词除“恐龙”外，还有“科学知识”“武器”等。从图 3-18 还可以看出，TOP10 作者的作品主题词出现频率最高的是“幻想小说”，共 174 次；其次为“长篇小说”“昆虫学”“儿童小说”“图画故事”“恐龙”“科学知识”等，这与 TOP50 主题词的出现频率排名情况稍有不同。

二、译者

（一）概况

本书统计结果显示，2018 年共出版引进版科普图书 2908 种，译者有 2175 位，平均每位译者翻译 1.34 种国外科普图书。译者中出版 2 种及以上译著的有 497 位，出版 1 种译著的有 1678 位。表 3-7 是 2018 年出版引进版科普图书中的 TOP50 译者。这些译者共翻译科普图书 583 种，占该年引进版科普图书总量的 20.05%。从表中可以看出，翻译科普图书最多的译者是陈筱卿，

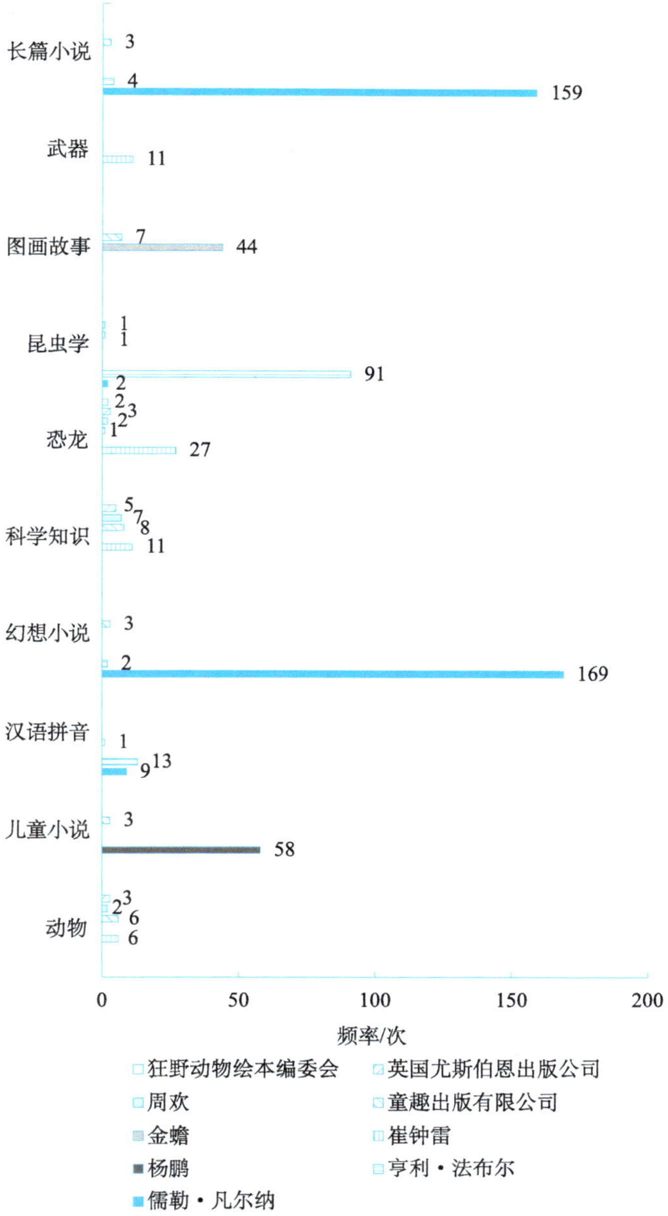

图 3-18 2018 年 TOP10 作者出版科普图书的主题词分布情况

共翻译国外科普图书 61 种；其次是那彬和徐月珠，分别为 31 种和 23 种。需要注意的是，在陈筱卿翻译的科普图书中，原著作者主要是儒勒·凡尔纳、亨利·法布尔和玛丽·居里等，其中翻译儒勒·凡尔纳的作品 33 种、翻译亨利·法布尔的作品 19 种、翻译玛丽·居里的作品 7 种。

表 3-7　2018 年出版引进版科普图书中的 TOP50 译者

（单位：种）

序号	译者	作品数量	序号	译者	作品数量
1	陈筱卿	61	14	曹杨	11
2	那彬	31	15	新天地童书	11
3	徐月珠	23	16	曾菡	10
4	张苗	21	17	陈芳芳	10
5	陈红波	18	18	陈茜颖	10
6	潘昌礼	18	19	胡江波	10
7	彭懿	16	20	李雪	10
8	蒲公英童书馆	16	21	邢培健	10
9	阳曦	16	22	褚秀丽	9
10	童趣出版有限公司	13	23	景佳	9
11	程雨枫	12	24	静博	9
12	高海潮	12	25	锐拓传媒	9
13	杨晓梅	12	26	万秭兰	9

续表

序号	译者	作品数量	序号	译者	作品数量
27	王文浩	9	39	王晓瑶	8
28	吴磊	9	40	王旸	8
29	姚锦镕	9	41	张雪玲	8
30	周冠琳	9	42	丁琦	7
31	蔡名言	8	43	金帆	7
32	韩正	8	44	梅静	7
33	吉振兴	8	45	名家委员会	7
34	刘育红	8	46	牛园园	7
35	吕莹	8	47	王琳莹	7
36	太阳花书业	8	48	王旭华	7
37	王芳	8	49	魏淑华	7
38	王晓芳	8	50	吴华	7

（二）译者与引进版科普图书来源

前文已述，2018年出版的引进版科普图书主要来源于39个国家和地区，其中译自美国、英国、法国、日本、德国等国的作品最多（本书主要研究译者作品与此5个国家的关系），共有2352种（其中译自美国的科普图书890种、英国643种、法国444种、日本245种、德国130种），占2018年引进版科普图书出版总数的80.88%。排名前50位的译者所翻译的科普作品也多来自这些国家。

以 TOP15 译者为例，从图 3-19 可以看出，陈红波、潘昌礼、彭懿、蒲公英童书馆、阳曦和童趣出版有限公司的翻译作品主要来源于 2 个或 2 个以上国家，其余的 9 位译者均集中对某一个国家的作品进行翻译。这些译者中，翻译法国作品的译者最多，为 4 位。另外，那彬、徐月珠分别主要对加拿大和韩国的作品进行翻译。

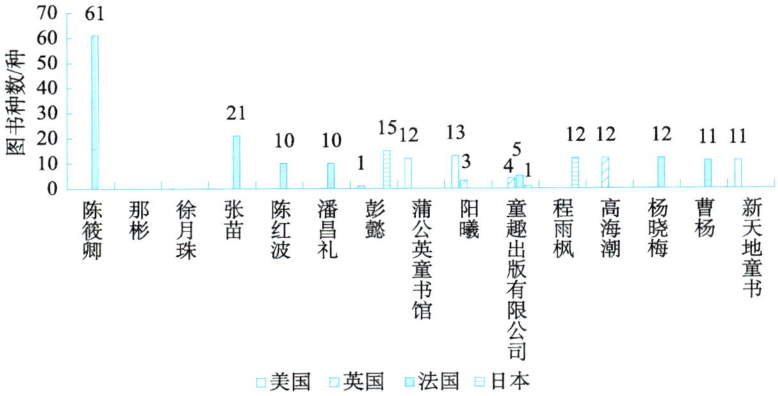

图 3-19　2018 年 TOP15 译者与 TOP5 引进版科普图书来源国交叉图

注：那彬、徐月珠两位译者的译著来源不在 TOP5 引进版科普图书来源国，故在本图中无相应数值。TOP5 来源国包括美国、英国、法国、日本、德国 5 个，由于 TOP15 译者的译著没有来源于德国的情况，故在本图中未显示德国的信息。

（三）译者与出版社

以 TOP15 译者为例，这些译者共涉及 49 家出版社，占出版引进版科普图书出版社总数的 18.22%。从图 3-20 可以看出，译者陈筱卿、那彬、彭懿、阳曦、程雨枫和杨晓梅翻译的作品在多个出版社均有出版，而其余 9 位译者的作品都集中在某一个出版社出版。

（四）译者与主题词

仍以 TOP15 译者为例，这些译者共涉及 129 个主题词，其中出现频率较高的主题词是“幻想小说”“长篇小说”“漫画”等。

将 TOP15 译者与排名前十位的主题词对比可以发现，有 2 位译者仅涉及一个主题词，有 8 位译者涉及 2 ～ 7 个主题词，还有 5 位译者不涉及排名前 10 位的主题词（图 3-21）。

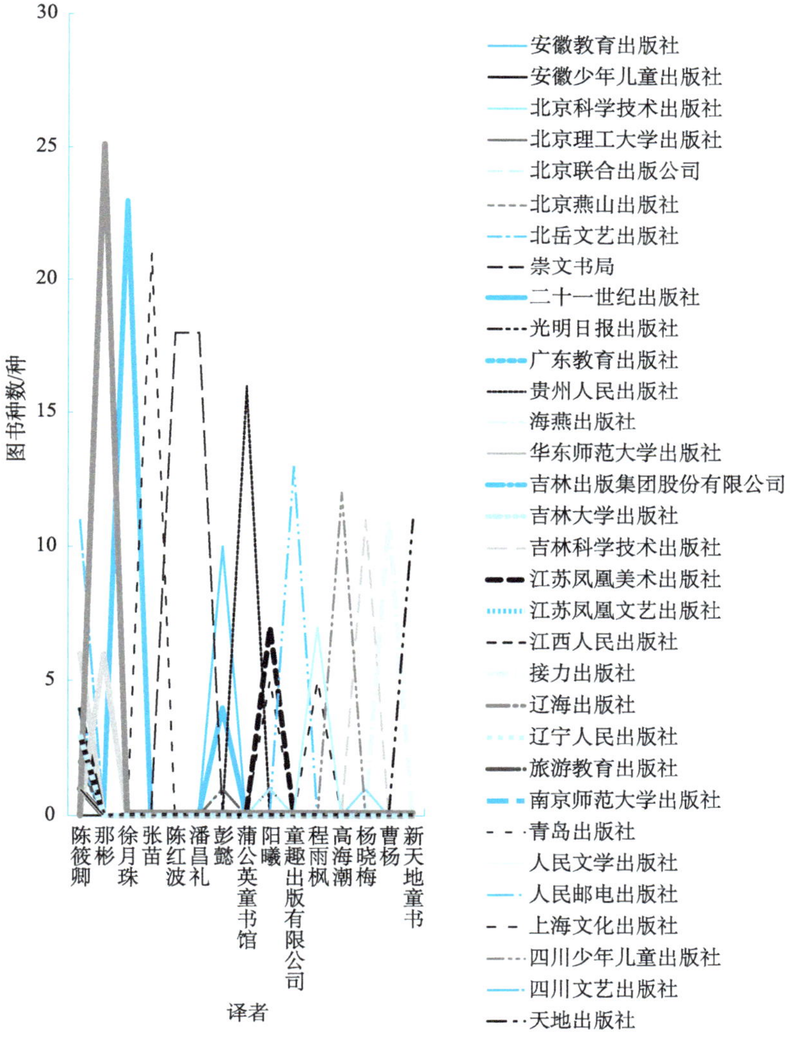

图 3-20　2018 年科普图书 TOP15 译者与出版社交叉图

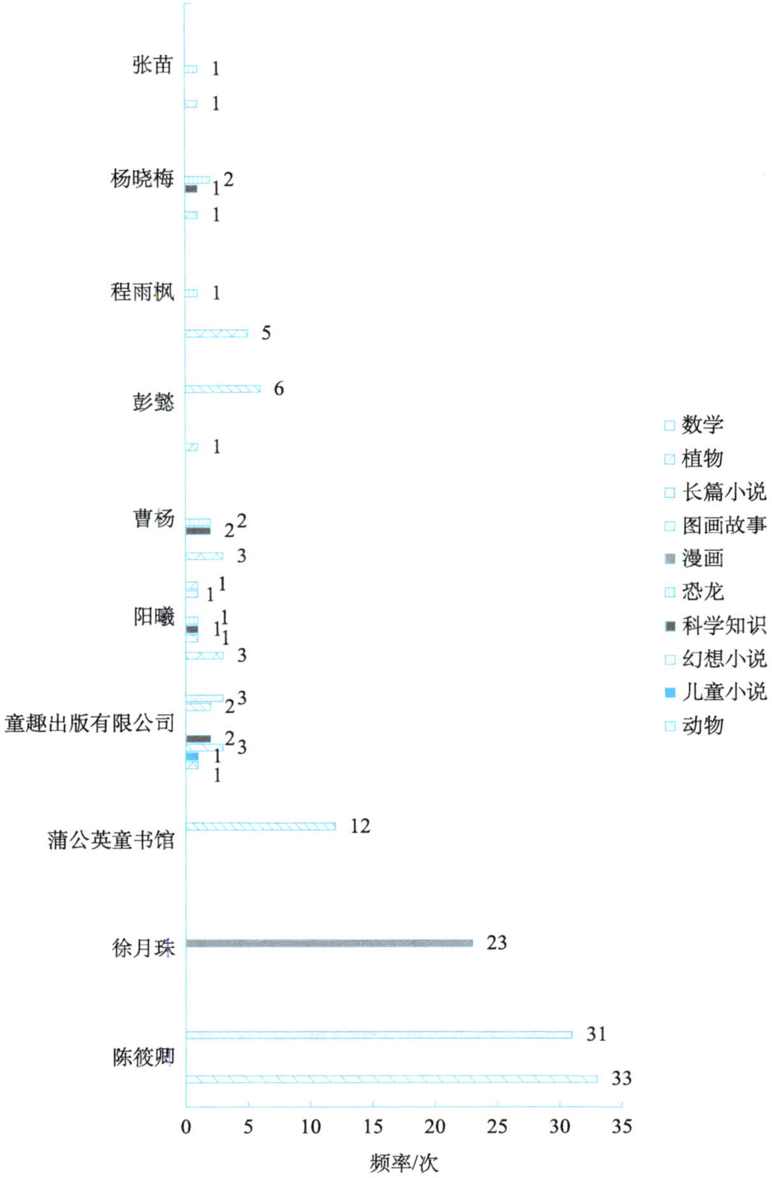

图 3-21　2018 年出版科普图书 TOP15 译者与排名前十位的主题词交叉图

第四节　2018年与2017年出版的科普图书的对比分析

一、总体情况

如前文所述，相较于2017年，2018年出版的科普图书种数、印数、单品种科普图书平均印数以及每万人拥有科普图书的数量均有不同程度明显下降的趋势。

二、内容与形式

（一）图书类型

在图书类型方面，与2017年相比较，2018年出版的核心科普图书比例基本没有变化，出版一般科普图书的比例上升，出版泛科普图书的比例继续下降。

（二）学科分布

在学科分布方面，2018年出版的科普图书集中的学科分布与2017年相同。集中分布的学科内部，I（文学）类科普图书的数量和占比较2017年有显著增长，T（工业技术）类科普图书的数量和占比较2017年明显下降。其中，2018年出版的核心科普图书在I（文学）类和P（天文学、地球科学）类的分布有明显增长，在T（工业技术）类和S（农业科学）类的分布有明显下降。

（三）引进版科普图书

2018年，引进版科普图书占当年出版科普图书的比例较

2017 年有小幅上升，来源国家和地区猛增 12 个，达到 39 个；其中美国、英国、法国、日本、德国仍是主要的来源国家，但上述国家累计出版引进版科普图书占 2018 年引进版科普图书出版总数的比例，较 2017 年出现相应小幅下降。2018 年，引进版科普图书集中分布的学科格局总体没有变化，但 I（文学）类数量较 2017 年出现显著增长，T（工业技术）类数量有显著下降。

（四）丛书

2018 年出版的科普图书中，丛书比例较 2017 年略有上升，最集中分布的学科与 2017 年一致，仍为 R（医药、卫生）类，但种数和占比均有上升。与 2017 年相比，可以看到 2018 年 I（文学）类科普图书丛书的数量、占比均有大幅增长，而 T（工业技术）类科普图书丛书的数量和占比均呈巨幅回落。

（五）定价

2018 年出版的科普图书定价仍保持缓慢上升势头。与 2017 年相比，定价在 31 ～ 40 元的科普图书比例有小幅下降，定价在 41 ～ 50 元的科普图书数量大涨，反超定价为 11 ～ 20 元的科普图书，升至价位第三梯队。290 元以上的高定价科普图书数量占比较 2017 年均无明显变化。此外，在 11 ～ 20 元的低定价科普图书中，I（文学）类、Q（生物科学）类仍是最多的两类，其中 I（文学）类超过 Q（生物科学）类升至第一，但 R（医药、卫生）类、S（农业科学）类、T（工业技术）类的数量和占比均有大幅下降。

（六）页数

2018 年出版的科普图书仍以 101 ～ 200 页的数量最多，与 2017 年情况相同；1 ～ 100 页的“小部头”图书较 2017 年相比数量减少，占比也明显下降。2018 年取而代之数量排在第二位的是 201 ～ 300 页的科普图书，但这部分图书的数量、占比与 2017 年相比，不增反降。

三、出版地与出版社

（一）出版社

2018年，出版科普图书的出版社数量较2017年减少44家，占全国出版社总数的比重降低近8个百分点。

科普图书出版单位中，社名中含有“科学技术”的出版社数量较2017年减少7家，但其科普图书出版总量占全国的比重没有下降，反而升了1个百分点以上。在此类出版社中，出版科普图书种数前十的格局较2017年有一定变化，其中天津科学技术出版社、中国农业科学技术出版社出版的科普图书数量增长最多。

2018年，出版科普图书种数排名前五的出版社格局较2017年发生变化，科学出版社、中国农业出版社表现不俗，跻身前五，清华大学出版社和电子工业出版社退出前五位。其中，出版科普图书种数位列第一的仍是化学工业出版社，但较2017年减少近200种。

2018年，科普图书出版种数TOP10出版社侧重于核心科普图书出版，有别于2017年侧重于出版一般科普图书；最集中于R（医药、卫生）类科普图书出版，有别于2017年的T（工业技术）类，但S（农业科学）类科普图书的集中分布情况较2017年相比没有变化，仍然是第二集中的学科领域。2018年，S（农业科学）类科普图书在出版社的出版种数集中情况呈现两极分化趋势，与2017年的双峰并立分布有区别。

2018年，出版引进版科普图书的出版社较2017年减少9家，但引进版科普图书的出版总量没有明显变化。其中，人民邮电出版社引进版科普图书的出版数量较2017年相比减半，北京联合出版公司引进版科普图书的出版数量则显著增加至排名第一，接力出版社在此方面也有明显发展。

（二）出版地

与 2017 年相比，2018 年全国出版科普图书的城市减少 3 个，出版科普图书种数在 100 种以上的城市减少了 2 个，为 20 个；出版科普图书种数排在前五位的城市排名变化较小，北京、上海、南京仍位居前三甲，哈尔滨取代长春位列第四，成都仍为第五位。其中，北京出版科普图书的品种数占全国的比例有所下降，平均出版种数也有明显减少；出版科普图书种数排名前五位的出版单位格局发生变化，科学出版社、中国农业出版社表现不俗，取代清华大学出版社和电子工业出版社跻身前五。与 2017 年相比，排名前五的科普图书出版城市在 2018 年出版的科普图书学科侧重点有所变化：北京的 R（医药、卫生）类科普图书出版比重最高，不再是 T（工业技术）类；南京的 I（文学）类科普图书出版比重最高，不再是 R（医药、卫生）类。出版核心科普图书占全国核心科普图书的比重有近 5% 的小幅增长。

与 2017 年相比，北京出版引进版科普图书的数量下降两百余种，但占全国引进版科普图书出版的比重有明显上升；北京、上海、南京、哈尔滨、成都以外城市出版引进版科普图书占全国的比例有所上升。北京出版的引进版科普图书仍以从美国引进为主，译自美国、英国、法国、日本等国的图书均在 100 种以上，从各国引进的图书数量均明显少于 2017 年。

四、作者、译者和主题词

（一）作者、主题词

与 2017 年相比，2018 年 TOP50 的科普图书作者出版的科普图书总量有明显下降，但是占全国的比重变化不大；TOP50 科普图书作者中，外国作者数量有所增长，儒勒·凡尔纳继续蝉联第一，亨利·法布尔排名升至第二。科普图书作者作品在出版社分散出版和集中出版两种情况仍然并存。科普图书的主题词与 2017 年比较类似，“图画故事”“科学知识”“幻想小说”的出现频率仍高居第一梯队。

（二）译者、主题词

2018 年科普图书译者中出版 2 种及 2 种以上译著的有 497 位，是 2017 年的 2 倍有余。

2018 年，引进版科普图书的主要来源国仍然是美国、英国、法国、日本、德国，排名前 50 位的译者所翻译的作品也多来自这些国家；科普图书译者 TOP15 中多数人集中对某一国家的作品进行翻译，“幻想小说”“长篇小说”仍是所译科普图书对应频率较多的主题词。以上均与 2017 年的情况基本一致。

附　　录

附录一　2017～2018年出版科普图书书目（部分）

附表 1-1　2017 年出版科普图书书目（部分）

国际标准书号（ISBN）	书名	著者、编者及译者等	出版单位
978-7-01-018446-3	全民消防我代言	公安部消防局编	人民出版社
978-7-02-011844-1	火星人百科全书	（法）格温德林・雷松著 （法）罗兰・加里格绘 苏迪译	人民文学出版社
978-7-02-011848-9	布封：鸟的世界（第四册）	（法）布封著 （法）弗郎索瓦－尼古拉・马蒂内等绘 吴雪菲，吴佳敏译	人民文学出版社
978-7-02-011849-6	布封：鸟的世界（第五册）	（法）布封著 （法）弗郎索瓦－尼古拉・马蒂内等绘 刘晓钰，马艳君译	人民文学出版社
978-7-02-011850-2	布封：鸟的世界（第三册）	（法）布封著 （法）弗郎索瓦－尼古拉・马蒂内等绘 罗俐，尚俊峰译	人民文学出版社
978-7-02-011852-6	布封：鸟的世界（第二册）	（法）布封著 （法）弗郎索瓦－尼古拉・马蒂内等绘 郑炜翔，赵彤译	人民文学出版社
978-7-02-011853-3	布封：鸟的世界（第一册）	（法）布封著 （法）弗郎索瓦－尼古拉・马蒂内等绘 孙银英，李方芳译	人民文学出版社

续表

国际标准书号（ISBN）	书名	著者、编者及译者等	出版单位
978-7-02-012058-1	无形的武器	（日）伊藤计划著 邹东来，朱春雨译	人民文学出版社
978-7-02-012060-4	故去者之国	（日）伊藤计划，（日）圆城塔著 丁丁虫译	人民文学出版社
978-7-02-012061-1	理想国	（日）伊藤计划著 曲铭译	人民文学出版社
978-7-02-012114-4	小红帽的野花标本集	（法）里昂奈尔·伊纳尔，（法）克莱尔·克瓦尔斯基著 （法）洛朗·奥都因绘 （法）雅尼克·弗里耶摄 苏迪译	人民文学出版社
978-7-02-012115-1	魔豆杰克的魔力植物标本集	（法）洛朗·奥都因编绘 （法）雅尼克·弗里耶摄 苏迪译	人民文学出版社
978-7-02-012118-2	灰姑娘的花草标本集	（法）里昂奈尔·伊纳尔，（法）夏尔·佩罗著 （法）洛朗·奥都因绘 （法）雅尼克·弗里耶摄 苏迪译	人民文学出版社
978-7-02-012119-9	小拇指的树叶标本集	（法）夏尔·佩罗著 （法）洛朗·奥都因绘 （法）雅尼克·弗里耶摄 苏迪译	人民文学出版社

续表

国际标准书号（ISBN）	书名	著者、编者及译者等	出版单位
978-7-02-012138-0	生命是怎么回事	（瑞典）佩妮拉·斯达菲尔特著 徐昕译	人民文学出版社
978-7-02-012140-3	我们一起聊大便	（瑞典）佩妮拉·斯达菲尔特著 徐昕译	人民文学出版社
978-7-02-012148-9	我们怎样远离暴力	（瑞典）佩妮拉·斯达菲尔特著 徐昕译	人民文学出版社
978-7-02-012153-3	我们为啥长毛发	（瑞典）佩妮拉·斯达菲尔特著 徐昕译	人民文学出版社
978-7-02-012265-3	教海鸥飞翔的猫	（智利）路易斯·塞普尔维达著（立陶宛）丽娜·杜戴特绘 宋尽冬译	人民文学出版社
978-7-02-012330-8	睡豚，醒来	凌晨著	人民文学出版社
978-7-02-012394-0	我们怎样远离暴力	（瑞典）佩妮拉·斯达菲尔特著 徐昕译	人民文学出版社
978-7-02-012447-3	生命是怎么回事	（瑞典）佩妮拉·斯达菲尔特著 徐昕译	人民文学出版社
978-7-02-012529-6	森林报·秋	（苏）维·比安基著 苏玲译	人民文学出版社
978-7-02-012572-2	2016 中国最佳科幻作品	姚海军主编	人民文学出版社
978-7-02-012606-4	家长和孩子一起玩的小实验（1）	（德）吉塞拉·吕克著（德）海克·弗里德尔绘 李嘉译	人民文学出版社

续表

国际标准书号（ISBN）	书名	著者、编者及译者等	出版单位
978-7-02-012609-5	家长和孩子一起玩的小实验（2）	（德）吉塞拉·吕克著（德）海克·弗里德尔绘 李嘉译	人民文学出版社
978-7-02-012616-3	森林报·冬	（苏）维·比安基著 苏玲译	人民文学出版社
978-7-02-012621-7	森林报·夏	（苏）维·比安基著 苏玲译	人民文学出版社
978-7-02-012637-8	森林报·春	（苏）维·比安基著 苏玲译	人民文学出版社
978-7-02-012698-9	航海的历史	（美）亨德里克·威廉·房龙著 黄健译	人民文学出版社
978-7-02-012699-6	远古的人类	（美）亨德里克·威廉·房龙著 黄健译	人民文学出版社
978-7-02-012750-4	像天空一样美丽：鸟的艺术笔记	（法）布封著（法）弗郎索瓦－尼古拉·马蒂内绘 陈晔编	人民文学出版社
978-7-02-012833-4	瓦尔登湖（全注疏本）	（美）亨利·戴维·梭罗著（美）杰弗里·S. 克莱默注 杜先菊译	人民文学出版社
978-7-02-012862-4	《瓦尔登湖》艺术笔记	（美）亨利·戴维·梭罗著 杜先菊译	人民文学出版社
978-7-03-045380-8	中国农作物空间分布高分遥感制图——小麦篇	唐华俊等著	科学出版社

续表

国际标准书号（ISBN）	书名	著者、编者及译者等	出版单位
978-7-03-045962-6	中国迁地栽培植物大全（第12卷）	黄宏文主编	科学出版社
978-7-03-045963-3	中国迁地栽培植物大全（第10卷）	黄宏文主编	科学出版社
978-7-03-045964-0	中国迁地栽培植物大全（第9卷）	黄宏文主编	科学出版社
978-7-03-045966-4	中国迁地栽培植物大全（第7卷）	黄宏文主编	科学出版社
978-7-03-045967-1	中国迁地栽培植物大全（第5卷）	黄宏文主编	科学出版社
978-7-03-045970-1	中国迁地栽培植物大全（第2卷）	黄宏文主编	科学出版社
978-7-03-046398-2	中国环境变化遥感影像图集	中国科学院地理科学与资源研究所编	科学出版社
978-7-03-047330-1	河南昆虫志·半翅目：异翅亚目	彩万志等著	科学出版社

续表

国际标准书号（ISBN）	书名	著者、编者及译者等	出版单位
978-7-03-047724-8	数字文明：物理学和计算机	郝柏林，张淑誉著	科学出版社
978-7-03-048209-9	中国资源地理	李润田主编	科学出版社
978-7-03-048209-9	中国农业地理	周立三主编	科学出版社
978-7-03-048209-9	中国交通地理	陈航，张文尝，金凤君等著	科学出版社
978-7-03-049595-2	失眠体质养生指导	张晓天，呼怡媚主编	科学出版社
978-7-03-049596-9	慢性胃炎体质养生指导	张晓天，郑珏主编	科学出版社
978-7-03-049597-6	更年期综合征体质养生指导	张晓天，缪佳主编	科学出版社
978-7-03-049598-3	过敏性鼻炎体质养生指导	张晓天，郭丽雯主编	科学出版社
978-7-03-049788-8	家庭常见病简易中医疗法	马艳春主编	科学出版社
978-7-03-049795-6	鱼虾水产	张志华主编	科学出版社
978-7-03-049797-0	家禽兽肉	张志华主编	科学出版社

续表

国际标准书号（ISBN）	书名	著者、编者及译者等	出版单位
978-7-03-049962-2	Wolfram 语言入门	（美）斯蒂芬·沃尔夫勒姆著 WOLFRAM 传媒汉化小组译	科学出版社
978-7-03-050025-0	海洋医学救援技术指南	钱阳明主编	科学出版社
978-7-03-050086-1	东江流域藻类图谱	于明等编著	科学出版社
978-7-03-050249-0	东江流域鱼类图志	赵会宏等主编	科学出版社
978-7-03-050301-5	中国咖啡史	陈德新著	科学出版社
978-7-03-050381-7	Android 软件安全攻防实例分析	徐君锋，张利主编	科学出版社
978-7-03-050400-5	当数学遇上诗歌	易南轩编著	科学出版社
978-7-03-050401-2	邮票苍穹中最亮的 108 颗数学之星	易南轩编著	科学出版社
978-7-03-050427-2	明明白白做 CT 检查	舒政主编	科学出版社
978-7-03-050428-9	幽门螺杆菌感染 Q&A	保志军主编	科学出版社
978-7-03-050492-0	中国茂兰大型真菌	吴兴亮等著	科学出版社
978-7-03-050547-7	育龄期人群体质养生指导	张晓天，王琳茹主编	科学出版社

续表

国际标准书号（ISBN）	书名	著者、编者及译者等	出版单位
978-7-03-050548-4	教你识别常见名贵中草药	陈建华，司静宇主编	科学出版社
978-7-03-050549-1	教你了解针灸治疗	胡智海主编	科学出版社
978-7-03-050596-5	李敏华传	王柏懿著	科学出版社
978-7-03-050603-0	徐克勤传	华仁民著	科学出版社
978-7-03-050637-5	澳大利亚树木引种指南	王豁然，姜景民，仲崇禄编著	科学出版社
978-7-03-050646-7	天鹅湖的危机——禽流感知识普及绘本	朱利，赵卫文 郑明第，周怡萌图	科学出版社
978-7-03-050676-4	乒乓球	王艳主编	科学出版社
978-7-03-050677-1	门球	张忠新主编	科学出版社
978-7-03-050685-6	长江口中华绒螯蟹资源增殖技术	冯广朋等编著	科学出版社
978-7-03-050695-5	冯端传	冯步云著	科学出版社
978-7-03-050754-9	菊黄东方鲀养殖技术	施永海，张根玉等著	科学出版社
978-7-03-050822-5	新版全程图解电工电路	黄海平，黄鑫编著	科学出版社
978-7-03-050824-9	经典行星的故事	卢昌海著	科学出版社

续表

国际标准书号（ISBN）	书名	著者、编者及译者等	出版单位
978-7-03-050848-5	羽毛球	史芙英主编	科学出版社
978-7-03-050932-1	饮食健康一看就会	王普生主编	科学出版社
978-7-03-050933-8	饮食疗病一看就懂	王普生主编	科学出版社
978-7-03-050934-5	食材特性一看就知	王普生主编	科学出版社
978-7-03-050938-3	食品安全一看就明	王普生主编	科学出版社
978-7-03-051087-7	Scratch 创意编程	艾奉平主编	科学出版社
978-7-03-051101-0	马铃薯主食加工原料知多少	木泰华，陈井旺，何海龙编著	科学出版社
978-7-03-051236-9	中国茂兰石松类和蕨类植物	张宪春，姚正明主编	科学出版社
978-7-03-051323-6	锻炼心理学	徐彬著	科学出版社
978-7-03-051447-9	奈特绘图版医学全集（第 4 卷）：皮肤系统	Bryan E. Anderson 原著 Frank H. Netter，Carlos A. G. Machado 绘图 刘跃华主译	科学出版社
978-7-03-051451-6	奈特绘图版医学全集（第 1 卷）：生殖系统	Roger P. Smith，Paul J. Turek原著 Frank H. Netter，Carlos A. G. Machado 绘图 刘朝晖，梁旭东主译	科学出版社

续表

国际标准书号（ISBN）	书名	著者、编者及译者等	出版单位
978-7-03-051454-7	奈特绘图版医学全集（第 2 卷）：内分泌系统	William F. Young 原著 Frank H. Netter，Carlos A. G. Machado 绘图 潘慧，朱惠娟，陈适主译	科学出版社
978-7-03-051480-6	云南石榴害虫的综合防治	李正跃主编	科学出版社
978-7-03-051482-0	教你了解老年人慢性病家庭护理	郭薇主编	科学出版社
978-7-03-051492-9	盐碱地植物栽培技术	王宝山等著	科学出版社
978-7-03-051524-7	健康体检与健康管理	杨丽，侯惠如，石海燕主编	科学出版社
978-7-03-051531-5	明明白白看急诊	江艳芬主编	科学出版社
978-7-03-051538-4	探索计算机网络协议与服务的奥秘	朱小明等著	科学出版社
978-7-03-051540-7	流体力学通论	刘沛清著	科学出版社
978-7-03-051546-9	驾驶心理学	崔思栋著	科学出版社
978-7-03-051549-0	生活中的数学	郭嵩主编	科学出版社
978-7-03-051579-7	黑龙江省野生植物识别图鉴	张美萍，于立河，韩文革著	科学出版社

续表

国际标准书号（ISBN）	书名	著者、编者及译者等	出版单位
978-7-03-051581-0	烟草种子生产加工	玉溪中烟种子有限责任公司编著	科学出版社
978-7-03-051584-1	手术器械分类及维护保养指南	孙育红，钱蒨健，周力主编	科学出版社
978-7-03-051620-6	东亚海域交流与南中国海洋开发	李庆新，胡波主编	科学出版社
978-7-03-051653-4	新疆兀鹫	马鸣，徐国华，吴道宁等著 李晓娜，高小清等绘图	科学出版社
978-7-03-051655-8	健康体检 100 问	张静波，钱文红主编	科学出版社
978-7-03-051743-2	谷物化学	卞科，郑学玲主编	科学出版社
978-7-03-051763-0	图解电工技能	君兰工作室编	科学出版社
978-7-03-051777-7	天然烟用添加剂	刘绍华，刘鸿主编	科学出版社
978-7-03-051810-1	刘东生传	潘云唐著	科学出版社
978-7-03-051826-2	泸州市中草药图谱及民间药人（第二册）	张华安，吴贵阳，王曙主编	科学出版社
978-7-03-051830-9	全球中、新生代大地构造图说明书	李江海，张华添，陶春辉主编 张华添等制图	科学出版社

续表

国际标准书号（ISBN）	书名	著者、编者及译者等	出版单位
978-7-03-051848-4	老年人社区健身器材使用指导	王茹，刘向云主编	科学出版社
978-7-03-051849-1	马铃薯吃法知多少	木泰华等编著	科学出版社
978-7-03-051851-4	宁波滨海植物	陈征海，谢文远，李修鹏等编著	科学出版社
978-7-03-051868-2	生命之网	（美）F. 卡普拉著　朱润生译	科学出版社
978-7-03-051891-0	贵州省重要饮用水源地水库常见淡水藻类图集	李秋华，高永春主编	科学出版社
978-7-02-012394-105	中国苔藓志 · 第一卷	高谦主编　中科院中国孢子植物志编辑委员会编辑	科学出版社
978-7-02-012394-106	中国苔藓志 · 第十卷	高谦，吴玉环主编　中科院中国孢子植物志编辑委员会编辑	科学出版社
978-7-02-012394-107	中国苔藓志 · 第九卷	高谦主编　中科院中国孢子植物志编辑委员会编辑	科学出版社
978-7-02-012394-108	中国苔藓志 · 第八卷	吴鹏程，贾渝主编　中科院中国孢子植物志编辑委员会编辑	科学出版社
978-7-02-012394-109	中国苔藓志 · 第七卷	胡人亮，王幼芳主编　中科院中国孢子植物志编辑委员会编辑	科学出版社

续表

国际标准书号（ISBN）	书名	著者、编者及译者等	出版单位
978-7-02-012394-110	中国苔藓志·第六卷	吴鹏程主编 中科院中国孢子植物志编辑委员会编辑	科学出版社
978-7-02-012394-111	中国苔藓志·第五卷	吴鹏程，贾渝主编 中科院中国孢子植物志编辑委员会编辑	科学出版社
978-7-02-012394-112	中国苔藓志·第四卷	黎兴江主编 中科院中国孢子植物志编辑委员会编辑	科学出版社
978-7-02-012394-113	中国苔藓志·第三卷	黎兴江主编 中科院中国孢子植物志编辑委员会编辑	科学出版社
978-7-02-012394-114	中国苔藓志·第二卷	高谦主编 中科院中国孢子植物志编辑委员会编辑	科学出版社

注：本表全表依据国际标准书号（ISBN）排序，本表只选取全表的部分数据进行展示，读者可扫描下方二维码获取完整书目。
由于个别图书申请 CIP 时的出版时间与实际出版时间有差异，故本表出版年份以全国图书馆联合编目中心数据库记录为准。

附表 1-2　2018 年出版科普图书书目（部分）

国际标准书号（ISBN）	书名	著者、编者及译者等	出版单位
978-7-01-018463-0	生命之源——水	郭志滨主编	人民出版社
978-7-01-018830-0	人工智能知识讲座	谭营著	人民出版社
978-7-01-019002-0	屠呦呦传	《屠呦呦传》编写组编写	人民出版社
978-7-01-019072-3	生存之本——粮	王红主编	人民出版社
978-7-01-019113-3	习水古茶树	谭智勇主编	人民出版社
978-7-01-019511-7	师昌绪传	刘深，郝红全著	人民出版社
978-7-01-019522-3	程开甲的故事	熊杏林著	人民出版社
978-7-01-019585-8	青藏高原生态文明建设状况	中华人民共和国国务院新闻办公室著	人民出版社
978-7-01-019586-5	青藏高原生态文明建设状况	中华人民共和国国务院新闻办公室著	人民出版社
978-7-01-019587-2	人民科学家钟扬	刘深著	人民出版社
978-7-01-019645-9	生活之力——能	洪伟主编	人民出版社
978-7-01-020136-8	密码知识科普读本	吉林省密码管理局编	人民出版社

续表

国际标准书号（ISBN）	书名	著者、编者及译者等	出版单位
978-7-02-009298-7	奇境	杨枫，（美）迈克·雷斯尼克编	人民文学出版社
978-7-02-012604-0	追寻达尔文的足迹	（法）巴蒂斯特·帕拉菲著（法）文森特·德普兰切绘 朱媛译	人民文学出版社
978-7-02-012858-7	动物的智慧	（法）弗勒尔·道格著（法）埃米莉·梵沃森绘 苏迪译	人民文学出版社
978-7-02-012864-8	有趣的海洋学	（法）玛格丽特·蒂贝蒂著（法）卡普辛·马泽尔绘 苏迪译	人民文学出版社
978-7-02-012866-2	千奇百怪的菌	（法）弗勒尔·道格著（法）埃米莉·梵沃森绘 苏迪译	人民文学出版社
978-7-02-012868-6	远古的恐龙	（法）埃里克·马蒂韦著（法）卡普辛·马泽尔绘 苏迪译	人民文学出版社
978-7-02-013145-7	爱做梦的雷梦	（瑞士）安娜·克罗萨著 吴颖译	人民文学出版社
978-7-02-013146-4	春去春又来	（瑞士）安娜·克罗萨著 吴颖译	人民文学出版社
978-7-02-013155-6	小水滴的快乐旅行	（瑞士）安娜·克罗萨著 吴颖译	人民文学出版社
978-7-02-013163-1	毒蘑菇的秘密	（瑞士）安娜·克罗萨著 吴颖译	人民文学出版社

续表

国际标准书号（ISBN）	书名	著者、编者及译者等	出版单位
978-7-02-013168-6	一粒种子的旅行	（瑞士）安娜·克罗萨著 吴颖译	人民文学出版社
978-7-02-013172-3	生命之树：达尔文的一生	（美）彼得·西斯著 刘春梅译	人民文学出版社
978-7-02-013292-8	地球省	龙一著	人民文学出版社
978-7-02-013508-0	马来群岛自然考察记 I	（英）阿尔弗雷德·R. 华莱士著 金恒镳，王益真译	人民文学出版社
978-7-02-013514-1	马来群岛自然考察记 II	（英）阿尔弗雷德·R. 华莱士著 金恒镳，王益真译	人民文学出版社
978-7-02-013596-7	你好，科学！——惊奇大发现	（日）森本信也主编 杨荧译	人民文学出版社
978-7-02-013598-1	你好，科学！——万万没想到	（日）森本信也主编 张东方译	人民文学出版社
978-7-02-013603-2	你好，科学！——探秘真好玩	（日）森本信也主编 张东方译	人民文学出版社
978-7-02-013605-6	你好，科学！——看吓一跳	（日）森本信也主编 颜欢译	人民文学出版社
978-7-02-013753-4	森林报	（苏）比安基著 沈念驹译	人民文学出版社
978-7-02-013769-5	居里夫人自传	（法）玛丽·居里著 陈筱卿译	人民文学出版社
978-7-02-013795-4	瓦尔登湖	（美）亨利·戴维·梭罗著 徐迟译	人民文学出版社
978-7-02-013900-2	2017 中国最佳科幻作品	姚海军主编	人民文学出版社

续表

国际标准书号（ISBN）	书名	著者、编者及译者等	出版单位
978-7-02-014074-9	科妮在农场	（德）莉安纳·施奈德著（德）艾娃·文泽尔-比尔格绘 詹湛译	人民文学出版社
978-7-02-014075-6	科妮第一次乘飞机	（德）莉安纳·施奈德著（德）艾娃·文泽尔-比尔格绘 詹湛译	人民文学出版社
978-7-02-014083-1	科妮去体检	（德）莉安纳·施奈德著（德）艾娃·文泽尔-比尔格绘 詹湛译	人民文学出版社
978-7-02-014086-2	科妮看牙医	（德）莉安纳·施奈德著（德）艾娃·文泽尔-比尔格绘 詹湛译	人民文学出版社
978-7-02-014361-0	在南极，独自一人	（美）理查德·E. 伯德著 杜默译	人民文学出版社
978-7-02-014403-7	如果末日无期	王十月著	人民文学出版社
978-7-02-014613-0	冰冻未来	杨枫，（美）迈克尔·雷斯尼克编	人民文学出版社
978-7-02-014673-4	火星孤儿	刘洋著	人民文学出版社
978-7-02-014726-7	狐狸拉克尔和雷莎	（瑞典）萨拉·谢帕德著 王梦达译	人民文学出版社
978-7-02-014727-4	野兔哈里和海达	（瑞典）萨拉·谢帕德著 王梦达译	人民文学出版社

续表

国际标准书号（ISBN）	书名	著者、编者及译者等	出版单位
978-7-02-014729-8	松鼠艾尔顿和艾吉斯	（瑞典）萨拉·谢帕德著　王梦达译	人民文学出版社
978-7-02-014730-4	狍子鲁特和洛基	（瑞典）萨拉·谢帕德著　王梦达译	人民文学出版社
978-7-02-014734-2	森林里的动物	（瑞典）萨拉·谢帕德著　王梦达译	人民文学出版社
978-7-02-015062-5	瓦尔登湖	（美）亨利·戴维·梭罗著　徐迟译	人民文学出版社
978-7-02-015386-2	如果末日无期	王十月著	人民文学出版社
978-7-03-032376-7	密码学与安全百科全书	（荷）亨克·范蒂尔博格，（美）苏希尔·贾乔迪亚编　程庆丰，李宏欣，赵光胜译	科学出版社
978-7-03-035174-6	黑龙江省鱼类原色图鉴	赵文阁等编著	科学出版社
978-7-03-035726-7	太行鸡解剖与组织学	刘彦威，王斌，闫金坤著	科学出版社
978-7-03-037218-5	西沙群岛珊瑚礁生物图册	黄晖主编	科学出版社
978-7-03-042066-4	江南牡丹——资源、栽培及应用	胡永红，韩继刚著	科学出版社
978-7-03-045968-8	中国迁地栽培植物大全（第4卷）	黄宏文主编	科学出版社

续表

国际标准书号（ISBN）	书名	著者、编者及译者等	出版单位
978-7-03-051443-1	奈特绘图版医学全集（第3卷）：呼吸系统	David A. Kaminsky 原著 Frank H. Netter，Carlos A. G. Machado 绘图 聂秀红等主译	科学出版社
978-7-03-051527-8	野生大熊猫科学探秘	魏辅文著	科学出版社
978-7-03-052335-8	天问：宇宙的探索与发现	袁位主编	科学出版社
978-7-03-052657-1	药用植物色彩图谱	郑玉光，宋军娜，楚立主编	科学出版社
978-7-03-052722-6	周君亮自传	周君亮著	科学出版社
978-7-03-052779-0	中国栽培植物名录	林秦文编著	科学出版社
978-7-03-052809-4	社区居民颈肩腰腿痛自我保健	夏伟民，陶善平主编	科学出版社
978-7-03-053144-5	黑河市珍稀濒危野生动植物	赵文阁主编	科学出版社
978-7-03-053371-5	深圳市国家珍稀濒危重点保护野生植物	廖文波等著	科学出版社
978-7-03-053741-6	地理的故事	杨天林著	科学出版社
978-7-03-053742-3	化学的故事	杨天林著	科学出版社

续表

国际标准书号（ISBN）	书名	著者、编者及译者等	出版单位
978-7-03-053743-0	数学的故事	杨天林著	科学出版社
978-7-03-053744-7	自然的故事	杨天林著	科学出版社
978-7-03-053745-4	天文的故事	杨天林著	科学出版社
978-7-03-053746-1	生物的故事	杨天林著	科学出版社
978-7-03-053747-8	物理的故事	杨天林著	科学出版社
978-7-03-053873-4	世界鳜鲈养殖创新与产业化	梁旭方，（美）王汉平主编	科学出版社
978-7-03-054166-6	中国沙漠图集	国家林业局编	科学出版社
978-7-03-054175-8	教你认识儿童治未病——反复呼吸道感染	霍莉莉主编	科学出版社
978-7-03-054176-5	教你认识儿童治未病——语言发育迟缓	霍莉莉主编	科学出版社
978-7-03-054179-6	教你认识儿童治未病——注意缺陷多动障碍	霍莉莉主编	科学出版社
978-7-03-054242-7	神经内科护理健康教育	周宏珍，张晓梅，魏琳主编	科学出版社
978-7-03-054463-6	教你了解营养知识	蔡炯主编	科学出版社

续表

国际标准书号（ISBN）	书名	著者、编者及译者等	出版单位
978-7-03-054479-7	中国催化名家（下册）	辛勤，徐杰主编	科学出版社
978-7-03-054552-7	明明白白看脑卒中	王长德主编	科学出版社
978-7-03-054589-3	从一到无穷大：科学中的事实和臆测	（美）G. 伽莫夫著 暴永宁译 吴伯泽校	科学出版社
978-7-03-054649-4	老年人常见骨科疾病运动康复指南	陈佩杰，王雪强，王琳主编	科学出版社
978-7-03-054650-0	中西医结合针灸科临床手册	东贵荣主编	科学出版社
978-7-03-054668-5	行星运动的奥秘	李广宇著	科学出版社
978-7-03-054714-9	北京林业昆虫图谱（Ⅰ）	虞国跃，王合著	科学出版社
978-7-03-054761-3	花菖蒲——资源保护与品类赏析	肖月娥，胡永红著	科学出版社
978-7-03-054780-4	青少年常见伤病运动指南	庄洁，田石榴主编	科学出版社
978-7-03-054834-4	人乳脂及人乳替代脂	王兴国著	科学出版社
978-7-03-054835-1	中国外来海洋生物及其快速检测	林更铭，杨清良主编	科学出版社

续表

国际标准书号（ISBN）	书名	著者、编者及译者等	出版单位
978-7-03-054840-5	图解电动机使用技巧	君兰工作室编	科学出版社
978-7-03-054868-9	放疗科护理健康教育	陈佩娟，周宏珍主编	科学出版社
978-7-03-054880-1	普陀山植被——类型、结构、功能、管护	阎恩荣，赵慈良，胡军飞等著	科学出版社
978-7-03-054882-5	蛤仔育种学	闫喜武，张国范著	科学出版社
978-7-03-054912-9	明明白白做 MRI 检查	舒政主编	科学出版社
978-7-03-054914-3	化学武器与防护百问——写给每个人的化学武器知识	肖凯主编	科学出版社
978-7-03-055130-6	中国地热志·西南卷二	王贵玲等著	科学出版社
978-7-03-055131-3	中国地热志·西南卷三	王贵玲等著	科学出版社
978-7-03-055132-0	中国地热志·西南卷一	王贵玲等著	科学出版社
978-7-03-055163-4	中国科学院海洋生物标本馆馆藏标本图志·甲壳动物：对虾类和龙虾类	沙忠利，王永良，刘瑞玉编著	科学出版社

续表

国际标准书号（ISBN）	书名	著者、编者及译者等	出版单位
978-7-03-055246-4	鹤舞凌霄：中国试飞员笔记	徐勇凌著	科学出版社
978-7-03-055256-3	这样学焊条电弧焊超简单	王影建主编，张建景副主编	科学出版社
978-7-03-055286-0	前列腺炎中西医实用手册	宋爱莉，陈洪延主编	科学出版社
978-7-03-055334-8	宽阔水自然保护区鸟巢图鉴	杨灿朝，梁伟著	科学出版社
978-7-03-055589-2	科学好好玩：神奇的煤炭	熊志建编著	科学出版社
978-7-03-055599-1	霍普的珊瑚岛之旅	汪稔，吴文娟等著	科学出版社
978-7-03-055613-4	古算诗词题今解	徐品方著	科学出版社
978-7-03-055636-3	肿瘤内科护理健康教育	缪景霞，蔡姣芝，张甫婷主编	科学出版社
978-7-03-055637-0	妇科护理健康教育	张军，黄美凌主编	科学出版社
978-7-03-055638-7	产科护理健康教育	谢婉花，周燕莉主编	科学出版社
978-7-03-055639-4	泌尿外科护理健康教育	申海燕，罗迎霞主编	科学出版社
978-7-03-055640-0	普通外科护理健康教育	甄莉，宋慧娟，叶新梅主编	科学出版社

续表

国际标准书号（ISBN）	书名	著者、编者及译者等	出版单位
978-7-03-055641-7	神经外科护理健康教育	邓瑛瑛，王晓艳，周宏珍主编	科学出版社
978-7-03-055642-4	消化内科护理健康教育	王莉慧，刘梅娟，王箭主编	科学出版社
978-7-03-055653-0	肿瘤科病人健康教育	王丽芹，付春华，赵淑燕主编	科学出版社
978-7-03-055654-7	302 医院肝病健康指导	游绍莉，朱冰主编	科学出版社
978-7-03-055677-6	蜡梅栽培	宋兴荣主编	科学出版社
978-7-03-055693-6	计算机中的数学	（美）詹姆斯·菲舍尔著 龙静译	科学出版社
978-7-03-055693-6	游戏中的数学	（美）詹姆斯·菲舍尔著 李欣，赵彦超译	科学出版社
978-7-03-055737-7	甘肃瓜菜育种实践	王兰兰，侯栋，邵景成等编著	科学出版社
978-7-03-055749-0	揭开苹果皮：听老科学家讲科普	中国科学院老科学家科普演讲团编著	科学出版社
978-7-03-055765-0	汉中鸟类图鉴	张生奇主编	科学出版社
978-7-03-055779-7	探测小天体	徐波，雷汉伦编著	科学出版社
978-7-03-055876-3	可食用昆虫：食品和饲料安全的展望	（荷）阿诺德·范·赫斯著 刘玉升，喻子牛等译	科学出版社
978-7-03-055909-8	影像科住院医师规范化培训必读	汪建华，邵国良主编	科学出版社

续表

国际标准书号（ISBN）	书名	著者、编者及译者等	出版单位
978-7-03-055920-3	物种 100 · 生态智慧（黑龙江卷）	物种 100 项目组编	科学出版社
978-7-03-055929-6	中医科护理健康教育	古成璠，张小燕，黄平主编	科学出版社
978-7-03-055948-7	未病健康教育导论	周霞，陈丽珊，周宏珍主编	科学出版社
978-7-03-055949-4	烧伤外科护理健康教育	王颖，谢艳平主编	科学出版社
978-7-03-056037-7	中国生物物种名录．第一卷，植物．种子植物．V，被子植物．蔷薇科—叶下珠科	夏念和，童毅华编著	科学出版社
978-7-03-056064-3	瓯江流域温州段鱼类图谱	温州市渔业技术推广站，浙江省海洋水产研究所编著	科学出版社
978-7-03-056093-3	高血压防治知识问答手册	张琰编著	科学出版社

注：本表全表依据国际标准书号（ISBN）排序，本表只选取全表的部分数据进行展示，读者可扫描下方二维码获取完整书目。
由于个别图书申请 CIP 时的出版时间与实际出版时间有差异，故本表出版年份以全国图书馆联合编目中心数据库记录为准。

附录二　2017 ～ 2018 年出版科普图书分类数据表

附表 2-1　2017 年出版的科普图书分类数据表

序号	科普图书类型	科普图书种数
1	核心科普	8 838
2	泛科普	2 769
3	一般科普	3 397
4	合计	15 004

附表 2-2　2018 年出版的科普图书分类数据表

序号	科普图书类型	科普图书种数
1	核心科普	7 441
2	泛科普	3 241
3	一般科普	2 257
4	合计	12 939

附录三 2017～2018 年出版科普图书 TOP 榜单

附表 3-1 2017 年出版科普图书出版社 TOP50

序号	出版社	科普图书种数 / 种
1	化学工业出版社	633
2	人民邮电出版社	501
3	电子工业出版社	396
4	机械工业出版社	385
5	清华大学出版社	292
6	中国农业出版社	284
7	科学出版社	244
8	中国电力出版社	227
9	江苏凤凰科学技术出版社	225
10	北京联合出版公司	222
11	黑龙江美术出版社	186
12	中国科学技术出版社	159
13	青岛出版社	154
14	河南科学技术出版社	149
15	湖北科学技术出版社	146
16	人民卫生出版社	132
17	成都地图出版社	132
18	吉林科学技术出版社	128

续表

序号	出版社	科普图书种数 / 种
19	长江少年儿童出版社	123
20	中国医药科技出版社	122
21	中信出版集团	121
22	天津科学技术出版社	121
23	科学普及出版社	121
24	中国铁道出版社	120
25	中国中医药出版社	119
26	湖南科学技术出版社	117
27	接力出版社	116
28	世界图书出版广东有限公司	111
29	中国轻工业出版社	110
30	江西美术出版社	110
31	天地出版社	108
32	黑龙江科学技术出版社	108
33	中国林业出版社	105
34	北京科学技术出版社	105
35	中国纺织出版社	102
36	中国农业科学技术出版社	101
37	浙江教育出版社	99
38	金盾出版社	96
39	江苏凤凰少年儿童出版社	95
40	北京理工大学出版社	95
41	上海科学技术出版社	94

续表

序号	出版社	科普图书种数 / 种
42	辽宁科学技术出版社	91
43	广东科技出版社	91
44	福建科学技术出版社	89
45	天津人民出版社	88
46	上海科学技术文献出版社	88
47	安徽科学技术出版社	79
48	中国人口出版社	78
49	陕西科学技术出版社	78
50	中国少年儿童新闻出版总社	76

附表 3-2　2018 年出版科普图书出版社 TOP50

序号	出版社	科普图书种数 / 种
1	化学工业出版社	458
2	中国农业出版社	303
3	人民邮电出版社	277
4	科学出版社	242
5	机械工业出版社	235
6	黑龙江美术出版社	232
7	北京联合出版公司	228
8	天津科学技术出版社	201
9	人民卫生出版社	187
10	中国农业科学技术出版社	187
11	电子工业出版社	167

续表

序号	出版社	科普图书种数 / 种
12	江苏凤凰科学技术出版社	160
13	长江少年儿童出版社	156
14	中国医药科技出版社	147
15	中国科学技术出版社	145
16	中信出版集团	134
17	天地出版社	133
18	中国少年儿童新闻出版总社	131
19	黑龙江科学技术出版社	128
20	江西科学技术出版社	128
21	接力出版社	126
22	清华大学出版社	119
23	湖南科学技术出版社	115
24	中国人口出版社	114
25	吉林科学技术出版社	113
26	四川科学技术出版社	109
27	中国中医药出版社	109
28	福建科学技术出版社	107
29	中国林业出版社	102
30	浙江少年儿童出版社	101
31	中国电力出版社	94
32	青岛出版社	93
33	上海科学技术出版社	93
34	科学普及出版社	92

续表

序号	出版社	科普图书种数 / 种
35	江苏凤凰美术出版社	88
36	北京科学技术出版社	85
37	江苏凤凰少年儿童出版社	85
38	江苏凤凰文艺出版社	81
39	上海科学普及出版社	80
40	河南科学技术出版社	78
41	湖北科学技术出版社	78
42	中国轻工业出版社	78
43	中国铁道出版社	76
44	未来出版社	74
45	北京理工大学出版社	73
46	气象出版社	72
47	山东美术出版社	71
48	云南科技出版社	71
49	广东科技出版社	70
50	浙江教育出版社	70

附表 3-3　2017 年出版科普图书出版地 TOP5

序号	出版地	科普图书种数 / 种
1	北京	7559
2	上海	578
3	南京	569
4	长春	466
5	成都	459

附表 3-4　2018 年出版科普图书出版地 TOP5

序号	出版地	科普图书种数 / 种
1	北京	6122
2	上海	610
3	南京	561
4	哈尔滨	522
5	成都	472

附表 3-5　2017 年科普图书出版作者 TOP50

序号	作者	科普图书种数 / 种
1	儒勒·凡尔纳	250
2	崔钟雷	128
3	知识达人	114
4	亨利·法布尔	109
5	台湾牛顿出版公司	92
6	龚勋	71
7	龙马高新教育	59
8	胡维勤	50
9	孙静	47
10	纸上魔方	45
11	吴祥敏	44
12	“中国地理百科”丛书编委会	40
13	英童书坊编纂中心	40
14	甘智荣	37

续表

序号	作者	科普图书种数/种
15	阅是	37
16	韩雪涛	36
17	夏吉安	36
18	庄建宇	36
19	维·比安基	34
20	明日科技	33
21	童心	32
22	陶红亮	31
23	刘敬余	29
24	米家文化	29
25	王倩	27
26	臧俊岐	27
27	安克·M. 莱茨根	26
28	格西尼·格罗特里安	26
29	安东尼	26
30	童趣出版有限公司	26
31	刘兴诗	23
32	雅科夫·伊西达洛维奇·别莱利曼	22
33	秋石	22
34	叶永烈	22
35	于雅婷	22
36	冰河文化	21
37	笑江南	21

续表

序号	作者	科普图书种数 / 种
38	央美阳光	21
39	小林清之介	20
40	沈石溪	20
41	苏梅	20
42	小多（北京）文化传媒有限公司	20
43	张顺燕	20
44	高桥清图	19
45	李宁	19
46	廉东星	19
47	膳书堂文化	19
48	谢宇	19
49	杨红樱	19
50	才林	18

附表 3-6　2018 年科普图书出版作者 TOP50

序号	作者	科普图书种数 / 种
1	儒勒 · 凡尔纳	169
2	亨利 · 法布尔	104
3	崔钟雷	77
4	杨鹏	71
5	童趣出版有限公司	62
6	狂野动物绘本编委会	58

续表

序号	作者	科普图书种数 / 种
7	Tatsuro · Kiuche	58
8	英国尤斯伯恩出版公司	48
9	金蟾	44
10	周欢	40
11	笑江南	36
12	迈克斯	35
13	龚勋	34
14	胡维勤	34
15	蕾切尔 · 卡森	34
16	维克多 · 阿普尔	33
17	韩雪涛	32
18	克里斯 · 费里	31
19	海豚传媒	30
20	冯化太	29
21	小牛顿科学教育有限公司	29
22	李时珍	29
23	焦庆锋	28
24	梅利莎 · 吉什	28
25	亨利 · 戴维 · 梭罗	28
26	保冬妮	27
27	臧俊岐	27
28	张功学	26
29	弘钟贤	25

续表

序号	作者	科普图书种数 / 种
30	李唐文化工作室	25
31	李毓佩	25
32	纸上魔方	24
33	沈石溪	24
34	李晨森	23
35	刘兴诗	23
36	文贤阁科普馆	23
37	小熊工作室	23
38	英国 Vampire Squid Productions 有限公司	23
39	曾才友	22
40	李敏	22
41	陈士林	21
42	美国尼克儿童频道	21
43	史黛芬妮・勒迪	21
44	史蒂夫・詹金斯	21
45	禹南	21
46	张明	21
47	欧内斯特・汤普森・西顿	21
48	李春深	20
49	饶忠华	20
50	李超	18

附表 3-7 2017 年科普图书主题词 TOP50

序号	主题词	出现频次 / 次
1	科学知识	626
2	图画故事	458
3	幻想小说	444
4	长篇小说	362
5	动物	353
6	恐龙	337
7	数学	184
8	植物	184
9	婴幼儿	175
10	汽车	172
11	汉语拼音	167
12	漫画	128
13	自然科学	128
14	昆虫学	120
15	宇宙	114
16	地理	107
17	儿童故事	105
18	图像处理软件	104
19	养生（中医）	103
20	女性	92
21	科学实验	91
22	鸟类	91
23	办公自动化	87

续表

序号	主题词	出现频次 / 次
24	妊娠期	85
25	人体	84
26	小儿疾病	84
27	森林	80
28	安全教育	76
29	保健	75
30	糖尿病	75
31	海洋	74
32	地球	72
33	菜谱	70
34	散文集	69
35	大学生	66
36	昆虫	66
37	环境保护	64
38	老年人	63
39	科学技术	61
40	二十四节气	59
41	历史地理	59
42	数字照相机	59
43	中草药	58
44	食谱	57
45	表处理软件	55
46	图形软件	54

续表

序号	主题词	出现频次 / 次
47	移动电话机	53
48	房屋建筑设备	52
49	软件工具	52
50	蔬菜	51

附表 3-8　2018 年科普图书主题词 TOP50

序号	主题词	出现频次 / 次
1	图画故事	687
2	科学知识	586
3	儿童小说	504
4	幻想小说	456
5	长篇小说	343
6	动物	293
7	恐龙	233
8	漫画	233
9	植物	172
10	数学	170
11	汉语拼音	157
12	自然科学	152
13	儿童故事	147
14	婴幼儿	141
15	昆虫学	114

续表

序号	主题词	出现频次 / 次
16	宇宙	112
17	二十四节气	111
18	汽车	104
19	小儿疾病	102
20	地理	92
21	人体	85
22	散文集	81
23	安全教育	80
24	海洋	80
25	童话	79
26	养生（中医）	77
27	短篇小说	71
28	中医学	71
29	鸟类	69
30	环境保护	68
31	地球	65
32	妊娠期	65
33	昆虫	63
34	女性	63
35	花卉	60
36	科学实验	55

续表

序号	主题词	出现频次 / 次
37	儿童	53
38	老年人	53
39	物理学	51
40	移动电话机	51
41	蔬菜	50
42	科学技术	49
43	森林	49
44	办公自动化	46
45	保健	46
46	程序设计	45
47	表处理软件	44
48	智力游戏	43
49	糖尿病	42
50	天文学	42

附表 3-9　2017 年科普图书来源国别 TOP5

序号	译著国别	科普图书种数 / 种
1	美国	867
2	英国	612
3	法国	464
4	日本	407
5	德国	137

附表 3-10　2018 年科普图书来源国别 TOP5

序号	译著国别	科普图书种数 / 种
1	美国	890
2	英国	643
3	法国	444
4	日本	245
5	德国	130

附表 3-11　2017 年科普图书译者 TOP15

序号	译者	科普图书种数 / 种
1	陈筱卿	65
2	彭懿	31
3	王倩	27
4	焦荣	16
5	王维幸	16
6	太阳花书业	15
7	王珏	14
8	余杰	13
9	任铁虹	12
10	戎麾	12
11	韦苇	11
12	徐枫	11
13	杨慧	11
14	海豚传媒	10
15	何嘉珞	10

附表 3-12 2018 年科普图书译者 TOP15

序号	译者	科普图书种数 / 种
1	陈筱卿	61
2	那彬	31
3	徐月珠	23
4	张苗	21
5	陈红波	18
6	潘昌礼	18
7	彭懿	16
8	蒲公英童书馆	16
9	阳曦	16
10	童趣出版有限公司	13
11	程雨枫	12
12	高海潮	12
13	杨晓梅	12
14	曹杨	11
15	新天地童书	11

附录四　部分出版社、作译者与学科、来源、主题词等交叉情况明细表

附表 4-1　2017 年 TOP10 出版社出版科普图书学科分布情况

学科分布 \ 出版社	化学工业出版社	人民邮电出版社	电子工业出版社	机械工业出版社	清华大学出版社	中国农业出版社	科学出版社	中国电力出版社	江苏凤凰科学技术出版社	北京联合出版公司	合计
E 军事	12	3	6	5	21	0	0	0	0	2	49
F 经济	2	0	0	1	0	5	6	1	0	0	15
G 文化、科学、教育、体育	10	73	6	4	14	1	11	0	8	10	137
I 文学	22	8	1	1	4	0	0	0	22	27	85
J 艺术	26	51	20	4	6	0	0	5	0	4	116
K 历史、地理	7	8	1	0	5	4	17	1	5	13	61
N 自然科学总论	3	11	11	6	1	0	2	0	1	9	44

续表

出版社 / 学科分布	化学工业出版社	人民邮电出版社	电子工业出版社	机械工业出版社	清华大学出版社	中国农业出版社	科学出版社	中国电力出版社	江苏凤凰科学技术出版社	北京联合出版公司	合计
O 数理科学和化学	6	20	3	9	3	0	13	1	0	3	58
P 天文学、地球科学	1	13	5	2	1	3	12	2	5	11	55
Q 生物科学	23	18	23	0	1	9	46	0	8	45	173
R 医药、卫生	78	16	60	11	12	6	79	4	83	37	386
S 农业科学	127	2	3	49	0	240	19	3	27	6	476
T 工业技术	249	265	223	230	215	10	32	207	46	31	1508
U 交通运输	55	2	20	52	1	0	1	2	1	0	134
V 航空、航天	2	6	0	6	4	0	1	0	1	6	26

续表

学科分布 \ 出版社	化学工业出版社	人民邮电出版社	电子工业出版社	机械工业出版社	清华大学出版社	中国农业出版社	科学出版社	中国电力出版社	江苏凤凰科学技术出版社	北京联合出版公司	合计
X 环境科学、安全科学	8	0	5	5	3	6	4	1	7	2	41
Z 综合性图书	2	5	9	0	1	0	1	0	11	16	45
合计	633	501	396	385	292	284	244	227	225	222	3409

附表 4-2　2018 年 TOP10 出版社出版科普图书学科分布情况

学科分布 \ 出版社	化学工业出版社	中国农业出版社	人民邮电出版社	科学出版社	机械工业出版社	黑龙江美术出版社	北京联合出版公司	天津科学技术出版社	人民卫生出版社	中国农业科学技术出版社	合计
E 军事	21	0	1	0	10	14	1	0	0	0	47
F 经济	0	0	0	1	1	0	0	0	0	0	2

续表

学科分布＼出版社	化学工业出版社	中国农业出版社	人民邮电出版社	科学出版社	机械工业出版社	黑龙江美术出版社	北京联合出版公司	天津科学技术出版社	人民卫生出版社	中国农业科学技术出版社	合计
G 文化、科学、教育、体育	5	0	13	1	1	0	7	3	1	0	31
I 文学	24	6	19	2	0	13	50	0	1	6	121
J 艺术	13	0	45	0	4	0	6	3	0	0	71
K 历史、地理	11	3	19	10	1	2	10	1	7	4	68
N 自然科学总论	2	0	6	13	1	15	9	9	0	0	55

续表

出版社 / 学科分布	化学工业出版社	中国农业出版社	人民邮电出版社	科学出版社	机械工业出版社	黑龙江美术出版社	北京联合出版公司	天津科学技术出版社	人民卫生出版社	中国农业科学技术出版社	合计
O 数理科学和化学	20	0	14	15	4	0	9	1	0	0	63
P 天文学、地球科学	18	0	11	13	2	22	18	2	0	0	86
Q 生物科学	24	20	20	56	5	125	42	7	1	7	307
R 医药、卫生	62	2	18	70	6	5	35	145	169	4	516
S 农业科学	100	256	2	36	33	4	5	14	3	159	612

续表

出版社／学科分布	化学工业出版社	中国农业出版社	人民邮电出版社	科学出版社	机械工业出版社	黑龙江美术出版社	北京联合出版公司	天津科学技术出版社	人民卫生出版社	中国农业科学技术出版社	合计
T 工业技术	99	15	88	18	119	6	5	10	5	5	370
U 交通运输	40	0	5	0	43	2	3	1	0	0	94
V 航空、航天	6	0	5	1	4	4	1	0	0	1	22
X 环境科学、安全科学	13	1	0	4	0	1	4	2	0	1	26
Z 综合性图书	0	0	11	2	1	19	23	3	0	0	59
合计	458	303	277	242	235	232	228	201	187	187	2550

附表 4-3　2017 年 TOP30 出版社科普图书来源国别情况

（单位：种）

出版社＼国别	德国	法国	美国	日本	英国	合计
人民邮电出版社	4	11	117	38	39	209
北京联合出版公司	6	1	42	13	24	86
长江少年儿童出版社	22	2	8	2	22	56
中信出版集团	1	7	28	8	31	75
机械工业出版社	1	4	26	12	25	68
天津人民出版社	1	18	15	0	27	61
电子工业出版社	5	8	27	7	19	66
北京科学技术出版社	21	5	29	3	4	62
南海出版公司	0	8	7	28	1	44
河北少年儿童出版社	1	0	22	0	9	32
贵州人民出版社	26	0	4	3	1	34
化学工业出版社	0	2	7	19	8	36
新星出版社	2	8	6	9	8	33
江苏凤凰少年儿童出版社	1	1	21	1	3	27
人民文学出版社	2	1	1	3	0	7
科学普及出版社	0	0	1	0	35	36
商务印书馆	1	3	11	0	16	31
辽宁科学技术出版社	0	0	4	6	1	11
湖南少年儿童出版社	0	0	12	3	8	23
上海科学技术文献出版社	0	8	18	0	0	26
中国轻工业出版社	1	8	5	7	5	26

续表

出版社＼国别	德国	法国	美国	日本	英国	合计
中国人口出版社	0	0	0	27	0	27
江苏凤凰文艺出版社	0	13	9	2	1	25
未来出版社	0	1	0	1	25	27
上海科技教育出版社	1	4	18	0	3	26
天地出版社	0	5	19	0	1	25
浙江少年儿童出版社	2	1	8	0	13	24
江苏凤凰科学技术出版社	1	1	2	8	0	12
清华大学出版社	0	1	17	1	0	19
安徽科学技术出版社	0	0	12	0	9	21
合计	99	121	496	201	338	1255

附表 4-4　2018 年 TOP30 出版社科普图书译著来源国别情况

（单位：种）

出版社＼国别	美国	英国	法国	日本	德国	其他	合计
北京联合出版公司	65	35	23	16	5	15	159
中信出版集团	42	20	17	1	12	26	118
接力出版社	10	86	14	0	0	0	110
人民邮电出版社	39	30	11	17	1	12	110
长江少年儿童出版社	12	20	5	13	2	17	69
北京科学技术出版社	10	5	4	13	13	12	57
天地出版社	28	4	5	0	0	16	53

续表

出版社 \ 国别	美国	英国	法国	日本	德国	其他	合计
新星出版社	20	12	8	4	1	8	53
湖南科学技术出版社	24	21	0	1	2	3	51
二十一世纪出版社	1	2	5	5	0	32	45
浙江文艺出版社	41	0	2	0	0	0	43
机械工业出版社	17	11	0	4	4	4	40
上海文化出版社	1	7	27	5	0	0	40
电子工业出版社	12	14	4	2	0	7	39
江苏凤凰文艺出版社	12	5	14	5	0	0	36
世界图书出版公司	24	8	1	0	1	2	36
四川美术出版社	26	3	0	0	0	7	36
江苏凤凰少年儿童出版社	11	5	5	2	12	0	35
四川科学技术出版社	13	9	2	2	0	6	32
化学工业出版社	1	16	1	8	0	5	31
人民文学出版社	4	2	6	4	4	11	31
天津人民出版社	7	2	5	5	1	11	31
湖南少年儿童出版社	10	1	6	0	0	9	26
中国妇女出版社	3	2	10	0	0	11	26
哈尔滨出版社	6	1	10	0	0	8	25
青岛出版社	18	0	4	3	0	0	25
中国少年儿童新闻出版总社	0	0	0	0	0	25	25
商务印书馆	5	9	5	0	0	5	24
译林出版社	5	3	7	0	7	2	24
华中科技大学出版社	8	9	0	0	0	6	23
合计	475	342	201	110	65	260	1453

附表 4-5　2017 年出版科普图书 TOP10 作者与出版社交叉情况

（单位：种）

出版社＼作者	儒勒·凡尔纳	崔钟雷	知识达人	亨利·法布尔	台湾牛顿出版公司	龚勋	龙马高新教育	胡维勤	孙静	纸上魔方	合计
北京大学出版社	0	0	0	0	0	0	23	0	0	0	23
北京理工大学出版社有限责任公司	0	0	0	0	0	0	0	0	0	11	11
晨光出版社	2	0	0	1	0	0	0	0	0	0	3
成都地图出版社	0	0	114	0	0	0	0	0	0	0	114
海天出版社	0	0	0	0	3	0	0	0	1	0	4
黑龙江科学技术出版社	0	0	0	0	0	0	0	29	0	0	29
黑龙江美术出版社	4	118	0	1	0	0	0	0	0	0	123
江苏人民出版社	1	0	0	3	0	0	0	0	0	0	4
江西教育出版社	3	0	0	1	0	23	0	0	0	0	27
接力出版社	0	0	0	0	59	0	0	0	0	0	59
开明出版社	4	0	0	0	0	13	0	0	0	0	17

续表

作者 出版社	儒勒·凡尔纳	崔钟雷	知识达人	亨利·法布尔	台湾牛顿出版公司	龚勋	龙马高新教育	胡维勤	孙静	纸上魔方	合计
人民邮电出版社	3	0	0	1	0	0	36	0	0	0	40
山东美术出版社	2	0	0	1	0	0	0	0	0	0	3
天地出版社	5	0	0	3	0	7	0	0	0	0	15
天津人民出版社	14	0	0	3	0	0	0	0	0	0	17
万卷出版公司	11	0	0	1	0	0	0	0	0	0	12
新疆科学技术出版社	0	0	0	0	0	0	0	0	0	14	14
长江出版社	4	0	0	0	0	0	0	0	43	0	47
浙江教育出版社	2	0	0	0	0	12	0	0	0	0	14
浙江少年儿童出版社	1	1	0	0	0	0	0	0	0	0	2
合计	56	119	114	15	62	55	59	29	44	25	578

附表 4-6　2018 年出版科普图书 TOP10 作者与出版社交叉情况

（单位：种）

出版社＼作者	儒勒·凡尔纳	亨利·法布尔	崔钟雷	杨鹏	童趣出版有限公司	狂野动物绘本编委会	Tatsuro·Kiuche	英国尤斯伯恩出版公司	金蟾	周欢	合计
北京少年儿童出版社	10	4	0	1	0	0	0	0	0	0	15
大连出版社	0	0	0	11	0	0	0	0	0	0	11
东方出版社	0	0	0	10	0	0	0	0	0	0	10
黑龙江美术出版社	4	1	65	0	0	58	58	0	0	0	186
湖南少年儿童出版社	0	0	0	17	0	0	0	0	0	0	17
江苏凤凰美术出版社	0	1	0	0	0	0	0	0	44	0	45
江苏凤凰文艺出版社	7	4	0	0	0	0	0	0	0	0	11
江西美术出版社	7	1	0	0	0	0	0	0	0	0	8
接力出版社	0	0	0	0	0	0	0	48	0	0	48
辽宁美术出版社	2	0	6	1	0	0	0	0	0	0	9
人民邮电出版社	3	1	0	0	62	0	0	0	0	0	66

续表

作者 出版社	儒勒·凡尔纳	亨利·法布尔	崔钟雷	杨鹏	童趣出版有限公司	狂野动物绘本编委会	Tatsuro·Kiuche	英国尤斯伯恩出版公司	金蟾	周欢	合计
山东美术出版社	0	1	0	0	0	0	0	0	0	40	41
汕头大学出版社	9	1	0	0	0	0	0	0	0	0	10
四川文艺出版社	10	0	0	0	0	0	0	0	0	0	10
长江少年儿童出版社	1	7	0	0	0	0	0	0	0	0	8
浙江少年儿童出版社	2	1	0	8	0	0	0	0	0	0	11
浙江摄影出版社	6	3	0	0	0	0	0	0	0	0	9
中国妇女出版社	0	10	0	0	0	0	0	0	0	0	10
中国华侨出版社	3	5	0	0	0	0	0	0	0	0	8
中译出版社	4	4	0	0	0	0	0	0	0	0	8
合计	68	44	71	48	62	58	58	48	44	40	541

附表 4-7　2017 年出版科普图书 TOP10 作者的主题词分布情况

（单位：种）

主题词＼作者	儒勒·凡尔纳	崔钟雷	知识达人	亨利·法布尔	台湾牛顿出版公司	龚勋	龙马高新教育	胡维勤	孙静	纸上魔方	合计
幻想小说	249	0	0	0	0	0	0	0	0	0	249
长篇小说	222	0	0	0	0	0	0	0	1	0	223
昆虫学	1	0	0	98	0	0	0	0	0	0	99
恐龙	0	6	1	0	1	11	0	0	12	1	32
动物	0	12	3	0	6	8	0	0	12	2	43
汉语拼音	13	0	0	6	0	0	0	0	1	12	32
科学知识	0	1	1	0	1	15	0	0	4	0	22
办公自动化	0	0	0	0	0	0	17	0	0	0	17
森林	0	0	2	0	0	0	0	0	12	0	14
儿童故事	1	0	2	0	0	1	0	0	0	0	4
合计	486	19	9	104	8	35	17	0	42	15	735

附表 4-8　2018 年出版科普图书 TOP10 作者的主题词分布情况

（单位：种）

作者 主题词	儒勒·凡尔纳	亨利·法布尔	杨鹏	崔钟雷	金蟾	童趣出版有限公司	周欢	英国尤斯伯恩出版公司	狂野动物绘本编委会	合计
动物	0	0	0	6	0	6	2	3	0	17
儿童小说	0	0	58	0	0	3	0	0	0	61
汉语拼音	9	13	0	1	0	0	0	0	0	23
幻想小说	169	2	0	0	0	3	0	0	0	174
科学知识	0	0	0	11	0	8	7	5	0	31
恐龙	0	0	0	27	0	1	2	3	2	35
昆虫学	2	91	0	0	0	1	1	0	0	95
图画故事	0	0	0	0	44	7	0	0	0	51
武器	0	0	0	11	0	0	0	0	0	11
长篇小说	159	4	0	0	0	3	0	0	0	166
合计	339	110	58	56	44	32	12	11	2	664

附表 4-9 2017 年 TOP15 译者与主题词交叉情况

（单位：种）

主题词＼译者	陈筱卿	彭懿	王倩	焦荣	王维幸	太阳花书业	王珏	余杰	任铁虹	戎麿	韦苇	徐枫	杨慧	海豚传媒	何嘉珞	总计
图画故事	2	17	2	0	9	1	0	0	0	10	0	0	0	10	10	61
幻想小说	27	1	0	0	0	0	1	3	0	0	0	0	0	0	0	32
长篇小说	25	1	0	0	0	0	0	3	0	0	0	0	0	0	0	29
科学实验	1	1	24	0	0	0	0	0	0	0	0	0	0	0	0	26
漫画	0	0	0	0	0	14	0	0	0	0	0	0	0	0	0	14
科学知识	0	0	0	0	0	14	0	0	0	0	0	0	0	0	0	14
动物	1	0	0	0	0	0	0	0	0	0	5	0	7	0	0	13
昆虫学	5	0	0	0	6	0	0	1	0	0	0	0	0	0	0	12
数学	1	0	0	0	0	0	4	1	0	0	0	3	0	0	0	9
物理学	0	0	0	0	0	0	0	4	0	0	0	4	0	0	0	8
总计	62	20	26	0	15	29	5	12	0	10	5	7	7	10	10	218

附表 4-10　2018 年 TOP15 译者与主题词交叉情况

（单位：种）

译者 主题词	陈筱卿	徐月珠	蒲公英童书馆	童趣出版有限公司	阳曦	曹杨	彭懿	程雨枫	杨晓梅	张苗	合计
动物	0	0	0	1	3	3	1	5	1	1	15
儿童小说	0	0	0	1	0	0	0	0	0	0	1
幻想小说	33	0	0	3	1	0	0	0	0	0	37
科学知识	0	0	0	2	1	2	0	0	1	0	6
恐龙	0	0	0	0	1	2	0	1	2	1	7
漫画	0	23	0	0	0	0	0	0	0	0	23
图画故事	0	0	12	2	0	0	6	0	0	0	20
长篇小说	31	0	0	3	1	0	0	0	0	0	35
植物	0	0	0	0	1	0	0	0	0	0	1
数学	0	0	0	0	0	0	0	0	0	0	0
合计	64	23	12	12	8	7	7	6	4	2	145